Les enjeux éthiques d'Internet en Afrique de l'Ouest

Vers un modèle éthique d'intégration

Les enjeux éthiques d'Internet en Afrique de l'Ouest

Vers un modèle éthique d'intégration

Patrick J. Brunet
Oumarou Tiemtoré
Marie-Claude Vettraino-Soulard

L'Harmattan

La recherche, l'élaboration et la publication de cet ouvrage ont été rendues possibles grâce à une subvention du Centre de recherches pour le développement international (CRDI), Canada, dans le cadre de son programme de recherches Communautés et société de l'information en Afrique, plus connu sous le nom Acacia.

Les Presses de l'Université Laval reçoivent chaque année du Conseil des Arts du Canada et de la Société d'aide au développement des entreprises culturelles du Québec une aide financière pour l'ensemble de leur programme de publication.

Nous reconnaissons l'aide financière du gouvernement du Canada par l'entremise de son Programme d'aide au développement de l'industrie de l'édition (PADIÉ) pour nos activités d'édition.

Mise en pages : Diane Trottier
Maquette de couverture : Chantal Santerre

ISBN 2-7637-7869-0 (PUL)
ISBN 2-7475-2408-6 (L'Harmattan)
ISBN 0-88936-993-3 (CRDI)

L'Harmattan
5-7, rue de l'École Polytechnique
75005 Paris – France
Tél. 01 40 46 79 20
Fax 01 43 25 82 03

Table des matières

« L'homme est le remède de l'homme. »
Proverbe africain

Le projet d'Internet conduit-il
« le monde entier à penser et à écrire
comme les Nord-Américains[1] » ?
Nelson Thall

« Nul ne sera l'objet d'immixtions arbitraires
dans sa vie privée, sa famille,
son domicile ou sa correspondance. »
Déclaration universelle des droits de l'homme (1948)

1. Cité par Salah Guemriche, « Les chocs de la mondialisation », dans *Le Courrier de l'UNESCO*, juin 1997.

Avant-propos

Cet ouvrage est le résultat d'un projet de recherche dont l'initiative revient au bureau régional pour l'Afrique centrale et occidentale du Centre de recherches pour le développement international (CRDI), organisme canadien, en collaboration avec l'Université d'Ottawa (Département de communication). Il fait suite à un colloque que j'avais organisé dans le cadre du 67e Congrès de l'Association canadienne-française pour l'avancement des sciences (ACFAS) qui s'est tenu à l'Université d'Ottawa en mai 1999 et qui portait sur les enjeux éthiques des technologies de l'information et de la communication[1].

La recherche a été effectuée par une équipe de trois chercheurs œuvrant sur trois continents différents : l'Afrique, l'Amérique du Nord et l'Europe. Outre le caractère rigoureusement scientifique de l'étude, cette diversité d'origines contribue, il nous semble, à faire de ce livre un document original et enrichi par l'apport de trois points de vue culturels différents. Si certains ouvrages traitent des enjeux des technologies de l'information et de la communication en Afrique[2], aucun, à ce jour, ne porte spécifiquement sur les enjeux éthiques reliés au développement d'Internet en Afrique. Le présent ouvrage comble ainsi ce manque, toutefois en partie seulement, puisque l'étude concerne l'état de la question à partir d'enquêtes menées dans cinq pays d'Afrique de l'Ouest. Certes, une telle étude permet quelques généralités, qu'il convient cependant, par rigueur scientifique, de présenter avec nuances et prudence.

Mes remerciements s'adressent au Centre de recherches pour le développement international (CRDI) dont l'appui financier a permis et favorisé la réalisation de ce projet, à mes deux collaborateurs et coauteurs, Marie-Claude Vettraino-Soulard et Oumarou Tiemtoré, pour leur rigueur et leur esprit d'équipe, à toutes les personnes qui ont

1. À la suite de ce colloque, un ouvrage a été publié : P. J. Brunet (dir.), *L'éthique dans la société de l'information*, Sainte-Foy (Québec)/Paris, Les Presses de l'Université Laval/ L'Harmattan, 2001.
2. Voir en particulier Annie Chéneau-Loquay (coord.), *Enjeux des technologies de la communication en Afrique*, Paris/Talence, Kartala/Regards, 2000.

accepté de nous recevoir et de répondre à nos questions, à Joël M. Katambwe pour sa précieuse contribution en amont et en aval de la recherche, en particulier pour la section 1 « Synthèse des résultats » du chapitre VII et à Merouan Mekouar pour son aide dans la compilation des données.

Patrick J. Brunet, chef du projet

CHAPITRE I

Introduction générale
La problématique : éthique et Internet en Afrique

D'une manière générale, l'approche suivie dans le cadre de ce projet est d'étudier en quoi la propagation d'Internet en Afrique soulève des enjeux d'ordre éthique qu'il convient d'identifier en vue de permettre, en amont, une meilleure appropriation et intégration dans le cadre général du développement des pays africains.

À notre époque de crise où les organisations nationales et internationales tentent de trouver des solutions aux problèmes liés, par exemple, à certains choix politiques, culturels ou religieux, à la situation économique et financière des nations ou à la répartition des richesses, le questionnement éthique est relancé avec une intensité nouvelle dans les différentes sphères de la vie sociale. Ce questionnement revêt un caractère particulier en ce qu'il a trait au développement des réseaux de l'information et de la communication à l'échelle de la planète. En effet, la fin du XXe siècle a vu l'essor prodigieux des technologies de l'information et de la communication, communément appelées NTIC ou TIC, dont Internet constitue le réseau mondial. La technologie associant l'informatique aux télécommunications apparaît aux États-Unis à la fin des années 1960 et au début des années

1970. Internet, le réseau des réseaux de communication ou autoroutes de l'information, a été lancé officiellement aux États-Unis le 11 janvier 1993 par le vice-président Al Gore. Internet s'est d'abord développé en Amérique du Nord et en Europe pour atteindre ensuite l'ensemble des pays industrialisés. Ce n'est que dans un second temps que le réseau Internet se propage lentement dans les pays du Sud ou les pays en développement. D'entrée de jeu, nous pouvons dire que nous assistons avec Internet au développement inégal entre le Nord et le Sud d'une technologie et d'un moyen de communication. Mais, au-delà de cette inégalité première, nous considérons qu'Internet pose une question éthique dès le départ, et ce, aussi bien au Nord qu'au Sud, par le fait même que ce réseau dit d'information et de communication instaure, pour ne pas dire impose, un rapport au monde, à l'autre et à soi radicalement différent de ce que les autres moyens d'information avaient jusqu'ici pu générer.

On le constate, la période actuelle de mondialisation des échanges fait surgir des questions éthiques sur le plan national et international, individuel et collectif. Ces questions se soulèvent comme des signaux d'alarme et concernent l'ensemble des nations. Elle sont particulièrement aiguës dans les pays en développement.

À partir de ce constat, il convient de nous interroger – dirons-nous par exigence éthique – sur les enjeux éthiques reliés au développement d'Internet dans les pays du Sud et plus spécifiquement dans les pays d'Afrique de l'Ouest où s'est effectuée notre recherche.

1. INTERNET EN AFRIQUE NOIRE : POINTS DE VUE DIVERGENTS

Depuis les premiers tâtonnements du Pentagone américain lors de la guerre froide aux 400 millions d'internautes que connaît le monde à l'heure actuelle, le réseau des réseaux est venu concrétiser l'idée de village planétaire de Marshall McLuhan. Domaine aux enjeux énormes, tant du point de vue économique et technologique que culturel, Internet apparaît comme une source d'opportunités sans limites. Le monde entier est conscient des possibilités stratégiques et politiques de la toile d'araignée numérique mondiale. Cependant, et encore une fois, l'Afrique se distingue par son retard et surtout par ses priorités différentes. Les médias conventionnels ayant déjà bien du mal à s'imposer, l'implantation d'Internet apparaît plus que compromise et ce, alors que la majorité des Africains vivent à la campagne dans un dénuement médiatique quasi complet. Il apparaît donc de manière très claire que les priorités de l'Afrique sont bien différentes de celles du Nord, et que le Web aussi, tout porteur d'opportunités qu'il puisse être, devra se trouver une position au sein de la pléthore de besoins exprimés par le continent noir.

Par ailleurs, l'apport relatif de l'Afrique dans le domaine des communications est minime, et contraste grandement avec ses capacités éventuelles. Ainsi, et malgré la circonscription de l'utilisation d'Internet au sein des grands centres urbains seulement, le continent noir affiche un taux de progression des connexions de 92 %. Il connaît également une augmentation étonnante des investissements dans les infrastructures de télécommunication et dans le matériel informatique. Cette augmentation s'appuie essentiellement sur trois créneaux : d'abord le gouvernement et ses différents services, puis les associations diverses, et enfin les cybercafés ou télécentres et leur développement populaire.

Ainsi, il semblerait que le Web puisse permettre à l'Afrique de brûler les étapes de son développement grâce aux nouveaux outils technologiques à sa disposition, mais cet optimisme doit absolument être tempéré par le fait que le continent noir, plus que tout autre, est sensible à un raz de marée culturel venant « du Nord ». Ce constat trouve sa source dans le fait qu'un même système technique peut aboutir à des principes d'organisation de société différents. Le développement d'Internet en Afrique peut ainsi avoir des conséquences très différentes par rapport au reste du monde[1].

Il semble, par ailleurs, que les nouvelles méthodes de communication pourraient profiter bien plus aux pays du Nord qu'à l'Afrique[2]. Les vagues d'investissements que connaîtraient les pays pauvres et l'Afrique notamment ne feraient que dissimuler les inégalités. Ainsi, il apparaît que l'évolution technique de l'Afrique devra se faire de manière beaucoup plus nuancée qu'il en est actuellement et devra surtout prendre en compte les impératifs particuliers du continent.

---

1. Voir Dominique Wolton, *Une théorie critique des nouveaux médias*, Paris, Flammarion, 1999.
2. Voir Todd Gitlin, « Les triomphalismes du nouvel ordre informationnel », *Le monde des débats*, n° 5, juillet-août 1999, p. 15.

1.1. LE DÉVELOPPEMENT D'INTERNET ET LE RÔLE DE L'ÉTAT[3]

Indéniablement, Internet constitue un avantage majeur pour les pays du Sud, tant pour les possibilités de développement qu'il porte que pour l'importance de ses retombées économiques, technologiques et culturelles. Malgré les inconvénients majeurs de ces pays relatifs au faible taux d'alphabétisation et au manque d'infrastructures appropriées, la toile numérique mondiale reste une source d'opportunités sans limites. Conscients des possibilités d'intégration que peuvent offrir les nouvelles technologies, les pays développés posent cependant, comme préalable à toute action financière visant à développer le domaine des communications, le retrait du gouvernement. Toute intervention de l'État dans les pays du Sud est ainsi jugée néfaste, et un développement réel et durable est conditionné au désengagement total des autorités officielles au profit des opérateurs privés. Cette condition préliminaire est d'autant plus critiquable que le développement des nouvelles technologies dans les pays du Nord n'a été possible que grâce à l'intervention massive de l'État, laquelle a réellement donné à ces dernières l'impulsion dont elles avaient besoin. Internet a effectivement pu voir le jour aux États-Unis grâce à d'importantes subventions gouvernementales conjuguées à de strictes mesures de protection. Une question se pose. Le désengagement des gouvernements des pays du Sud du domaine des télécommunications en faveur du secteur privé, et préalable à toute aide économique occidentale, est-il réellement bénéfique ?

Ce désengagement préconisé est d'autant plus dangereux que les mécanismes d'investissement dans le domaine des télécommunications sont très particuliers, ces mécanismes étant destinés en définitive à servir les intérêts exclusifs du Nord. Le projet Iridium[4], visant à éliminer les infrastructures de communication au sol grâce à un nouveau réseau de 66 satellites, permettrait de réduire considérablement les coûts d'exploitation dans les pays du Tiers-Monde tout en éliminant le problème des imprévus au sol (catastrophes naturelles, sociales...). Bien que très avantageux à première vue, ce genre

3. Voir l'article de Pascal Renaud, « Vers une désertification technologique du Sud ? », dans Annie Chéneau-Loquay (coord.), *Enjeux des technologies de la communication en Afrique*, Paris/Talence, Kartala/Regards, 2000.
4. *The Arizona Republic*, 26 nov. 1995, citant M. Bary Bertiger, directeur général de Motorola Satellite Communication Division.

d'investissements aurait des conséquences à terme beaucoup moins bénéfiques pour les pays du Sud, ces derniers se transformant de lieu potentiel d'investissement à de simples clients éventuels et ce, avec toutes les conséquences possibles que l'on imagine : tarissement du financement d'infrastructures (jugées désormais obsolètes bien que toujours vitales pour ces pays), dilapidation du potentiel technologique des pays d'accueil...

Ainsi, l'approche actuelle des pays du Nord vis-à-vis des investissements dans le Sud est-elle encore une fois favorable à l'un au détriment de l'autre. Un développement durable ne pourra se faire qu'à l'intérieur d'un partenariat réel qui prendra en compte les vrais impératifs des pays en développement.

1.2. DES ATOUTS ET DES RISQUES[5]

Internet représente une chance inouïe pour les pays africains en permettant, par exemple, aux chercheurs de contourner les insuffisances locales pour accéder aux richesses de l'information mondiale et pour y contribuer eux-mêmes en publiant sur le réseau. Dans cette perspective, Internet apparaît comme un outil précieux permettant une généralisation et une démocratisation de la formation technique. Cependant, l'Afrique a ses spécificités à la fois culturelles et économiques et elle ne saurait intégrer des techniques occidentales inadaptées à ses réalités locales. Qu'en est-il, par exemple, de la diffusion de l'information médicale et de l'utilité de la mondialisation des informations médicales ? Certaines techniques, mieux adaptées au continent noir, peuvent plus facilement se développer en terre africaine. Le téléphone cellulaire est sur ce point exemplaire et connaît une croissance fulgurante dans tous les pays du Sud. Cet apport pertinent de la technologie pourrait ouvrir la voie à la coopération entre les pays du Sud, associée à un affaiblissement de la dépendance vis-à-vis des pays du Nord. Ce rapport de sujétion se trouverait nuancé par une plus grande indépendance, culturelle, sociale ou même technique, du continent africain à l'égard du Nord. Cependant, un risque très élevé d'inondation culturelle ou technologique menace les pays du Sud. De plus, ces derniers sont menacés par un clivage social entre les élites branchées,

5. Voir l'entretien de Roger Tréfeu avec M. Pascal Renaud paru dans la revue *Université*, vol. 18-1, mars 1997, éditée par l'Aupelf-Uref.

éduquées et reliées au Nord, et les autres, exclus de la marche du progrès. Pour éliminer ces risques, des mesures tirées de réalités européennes ou nord-américaines pourraient être prises. À titre d'exemple, les gouvernements africains pourraient démocratiser les télécommunications et permettre aux plus démunis d'accéder aux technologies de l'information sans discrimination aucune. Cependant, bien qu'étant une chance pour la liberté d'expression et la démocratie, Internet ne saurait passer pour une solution miracle. Les gouvernements dictatoriaux peuvent s'en servir (aspect négatif), aussi bien que les médias traditionnels.

1.3. Les nouvelles technologies de l'information en Afrique : adoption, appropriation, intégration[6] ?

Dans une économie de services mondialement intégrée, le rôle de l'Afrique semble plus précaire que jamais. Avec les nouvelles technologies de l'information, une nouvelle possibilité d'intégration s'offre au continent noir. Éventualité qu'il faut cependant nuancer, tant son retard est important et tant ses caractéristiques sont particulières. Le cas des TIC est à ce sujet révélateur. Porteuses d'un immense potentiel, ces dernières devront, pour être efficaces, intégrer véritablement les particularités locales. Cette intégration doit se faire notamment au niveau des écoles et des acteurs économiques locaux que sont les petites et moyennes entreprises. Aux entreprises régionales, capitales pour le développement africain, s'ajoutent d'autres acteurs cités par l'« Initiative des Nations-Unies pour l'efficacité du commerce[7] », comme les villes moyennes et le commerce international. Ces secteurs clés sont autant de moyens de stimuler les économies africaines. Sur le plan économique, ils permettent une plus grande compétitivité et une meilleure visibilité des acteurs africains. Au niveau politique et social, ils favorisent par exemple une amélioration considérable de l'efficacité des administrations locales, une pratique plus large d'activités communes aux secteurs privé et public ou encore la formation d'un capital humain sans risque d'exode systématique des cerveaux.

6. Voir l'article *L'Afrique qui gagne*, de Bruno Lanvin, directeur de la Commission des Nations-Unies pour le commerce et le développement (CNUCED).
7. Commission des Nations-Unies pour le commerce et le développement (CNUCED, Genève).

Cependant, aussi intéressantes qu'elles puissent être, les TIC ont un coût important qu'il faut payer, tant au niveau de la formation et du contenu qu'à celui des infrastructures et de l'équipement. Pour ce faire, les pays africains auraient recours à quatre sources de financement : les ressources locales, l'aide internationale, l'investissement étranger ou l'autofinancement par le développement d'activités économiquement viables. Ces quatre sources pourraient ainsi donner au continent noir l'impulsion dont il a besoin et ce, grâce à un soutien solide des PME qui, réellement, seront à l'origine du décollage africain.

Enfin, le rôle des Nations-Unies reste capital dans cette perspective. En se donnant pour objectifs de corriger les erreurs du passé et de créer une politique de convergence des objectifs d'efficacité et d'équité, les Nations-Unies poursuivent leur laborieux travail de développement. Dans cette optique, le « Programme des pôles commerciaux des Nations-Unies[8] » est particulièrement révélateur. Ce programme ne peut être mis en œuvre dans un pays donné que si les acteurs locaux acceptent de s'y investir, cette nouvelle perspective permettant enfin de coordonner les activités locales avec les réalités internationales pour le bien de tous.

1.4. LA QUESTION DE LA RÉGLEMENTATION

L'usage d'Internet soulève la question de la réglementation. Cette question fait l'objet de nombreux débats, colloques et forums, dont par exemple le Troisième Congrès international de l'UNESCO : INFOéthique 2000[9], portant sur les défis éthiques, juridiques et sociétaux du cyberespace, qui s'est tenu à Paris du 13 au 15 novembre 2000. Ce congrès, dont le thème général était « Le droit d'accès universel à l'information au XXIe siècle », avait pour but de stimuler la réflexion et le débat sur les aspects éthiques, juridiques et sociétaux de la société de l'information. Parmi les résultats attendus, on notait : le rôle des autorités publiques dans l'accès à l'information, le concept d'« usage loyal » dans la société de l'information et la protection de la dignité humaine à l'ère numérique. Les propositions présentées avaient pour but de consolider le programme « Information pour tous » de

8. *Idem.*
9. Voir : http ://webworld.unesco.org/infoethics2000/fr_objectives.html

l'UNESCO, dont l'objectif général est de faciliter l'accès à l'information pour tous en s'appuyant sur la coopération partenariale du public, du privé et de la société civile. Dans cette perspective, l'UNESCO vise à élaborer un plan d'action dont les objectifs sont les suivants :

- « élargir et rendre plus équitable l'accès aux réseaux et services d'information et de communication ainsi que l'offre d'informations ;
- faciliter l'application des exceptions légales aux droits d'auteur pour les pays en développement à l'aide des conventions internationales ;
- promouvoir la liberté d'expression tout en protégeant la vie privée sur les réseaux mondiaux ;
- consolider les activités de veille et d'information sur le progrès des États membres dans le développement de la société de l'information[10]. »

Dans quelle mesure la révolution du numérique pourrait-elle participer à l'élaboration du projet d'éthique universelle ? Dans quelle mesure la révolution Internet touche-t-elle les bases de la société ? Plusieurs auteurs se penchent actuellement sur ces questions. Philippe Quéau[11], par exemple, s'appuie sur quatre critères. Le critère culturel d'abord : l'auteur avance le fait que la révolution numérique est à l'origine d'une abstraction de la pensée. Cette abstraction serait un grand danger pour l'homme, désormais menacé de perdre ce qui fait son essence même, soit son identité fondamentale. Ce critère culturel aborde également le thème de l'intelligence collective largement développé par Pierre Lévy[12]. Cette intelligence collective est créée et soutenue par l'apport de chaque personne, de chaque internaute réel ou potentiel. Quelles sont les conséquences d'une telle intelligence collective ? À quoi ressemble-t-elle ? Est-ce ce gros « animal » reflet de l'humanité imaginé par Simone Weil, ou plutôt la noosphère de Teillard de Chardin au service de la montée de la conscience ? Les deux autres critères retenus sont de nature économique et sociale. Ces deux révolutions sont notamment à l'origine d'une dématérialisation de

10. *Idem.*
11. Philippe Quéau, « Cyber-culture et info-éthique », UNESCO, 1998.
12. Pierre Lévy, *L'intelligence collective. Pour une anthropologie du cyberspace*, Paris, La Découverte, 1994.

l'économie désormais virtualisée. Cette dé-concrétisation ne fait qu'accroître encore davantage l'opposition entre la mobilité des capitaux et celle des hommes. Les premiers, libres, trouvent dorénavant le climat idéal pour prospérer, alors que les deuxièmes languissent toujours en rêvant des paradis d'ailleurs. Enfin, la révolution politique, elle, fait d'Internet un *no man's land* échappant à toute régulation législative nationale. Un « Far West » sans loi ni foi, où ni les identités nationales, ni les moyens au service de celles-ci ne trouvent leur place.

La révolution du numérique fait naître plusieurs contradictions : l'opposition entre le monde réel et le monde virtuel, avec tous les dangers d'oubli et de « ghettoïsation » du monde réel que l'on imagine ; l'opposition entre la loi et la non-loi, notamment en ce qui a trait à la sacro-sainte liberté du Web et aux notions de copyright et de protection des droits d'auteur, et le fait que le Web est un lieu quasi impossible à réguler sur le plan national et que les lois des différents pays sont en contradiction ; l'opposition entre l'intérêt général et l'intérêt particulier, comme en témoigne l'appropriation du patrimoine de l'humanité (brevetage du génome humain) par des intérêts particuliers aux dépends de l'humanité dans son ensemble.

Quéau[13], avec d'autres, se demande s'il ne serait pas bon de penser à une sorte de réglementation mondiale, basée sur la notion d'éthique universelle[14]. On peut se demander légitimement quelles suites cela pourrait avoir : d'un côté, la possibilité d'assimilation puis de disparition des cultures, ou de l'autre, au contraire, la possibilité d'une représentation vraie du monde dans sa complexité et sa diversité. D'un lieu anarchique propice à tous les débordements, le Web se transformerait en un vaste forum ou chacun s'impliquerait de manière à poser, enfin et réellement, les bases d'une éthique universelle.

On le voit, Internet soulève des questionnements de tout ordre dont ceux, particuliers, rattachés à l'éthique.

13. Philippe Quéau, « Identité culturelle et éthique de l'universel », dans Annie Chéneau-Loquay, *op. cit.*
14. Hans Kung, « Projet d'éthique planétaire », 1990. Repris par la déclaration du Parlement des religions du monde à Chicago en 1993.

2. PROBLÈMES ET ENJEUX ÉTHIQUES D'INTERNET

2.1. POURQUOI PARLER D'ÉTHIQUE ?

D'une manière générale, nous avançons que les dimensions communicationnelle et éthique se présentent comme les deux faces d'une même médaille. Se posent alors les questions générales suivantes : En quoi nos pratiques communicationnelles individuelles, collectives et institutionnelles soulèvent-elles des questions éthiques ? Quelles sont ces questions et quelles réponses sont avancées ou peuvent être proposées ?

Nos pratiques communicationnelles médiatiques et multimédiatiques soulèvent différents enjeux éthiques tant à l'intérieur même de ces pratiques (depuis les énoncés de projets jusqu'à leur exécution en passant par l'ensemble des relais et des intervenants-acteurs de ces pratiques), qu'à l'extérieur de ces pratiques, c'est-à-dire le déploiement et la portée de celles-ci sur le plan local, national ou international (depuis le mode de diffusion/transmission jusqu'à l'accès aux différents récepteurs-observateurs-consommateurs, en passant par les différents relais et acteurs de transmission). Quels sont par exemple les critères présidant aux choix de programmation des télédiffuseurs (intérêt public ou sensationnalisme) ou aux choix esthétiques des messages publicitaires ? Quelle est la part de la responsabilité individuelle et collective face à l'usage des nouvelles technologies de l'information et de la communication ? Que dire des pratiques journalistiques à la remorque des scandales politiques ? Que dire des disparités Nord-Sud en matière de développement et d'implantation des réseaux électroniques d'information ? Quels sont les intérêts économiques et commerciaux sous-tendant l'implantation des réseaux d'information et des nouveaux médias en Afrique, et plus précisément d'Internet ? Que dire, enfin, de la qualité des relations interpersonnelles face aux usages des technologies de communication.

Autant de questions que soulève le développement technologique en matière d'information et de communication dans les pays du Nord, mais aussi dans ceux du Sud, comme en d'Afrique. Ce développement impose aussi, selon nous, la nécessité d'un nouveau questionnement et d'une redéfinition des fondements épistémologiques de l'éthique dans la sphère communicationnelle et, spécifiquement, dans celle des communautés africaines. Le colloque tenu en 1999 à l'Université d'Ottawa, intitulé « Les enjeux éthiques des pratiques communicationnelles : urgence et nécessité[15] ? », avait présenté un panorama des réflexions concernant le surgissement des multiples questions éthiques reliées aux différentes pratiques actuelles de la communication. Ces réflexions mettaient en lumière différents enjeux reliés à Internet tant au Nord qu'au Sud.

En l'état actuel des choses, ce que nous pouvons avancer, c'est que les nouvelles technologies de l'information et de la communication instaurent des façons particulières de percevoir le réel et soulèvent des questions d'ordre éthique. Comment sont redéfinis les rapports espace-temps ? Quels sont les nouveaux modes d'accès et d'acquisition des savoirs ? Sur quoi repose le lien social ? Ces questions soulevées par l'intrusion des technologies de l'information et de la communication concernent autant la sphère individuelle que collective.

L'appréhension heuristique de ces questions se situe délibérément en contrepoint des perspectives fonctionnalistes à courte vue qui visent à analyser ces technologies, entre autres, en termes d'impacts ou d'effets, et porte plutôt sur le positionnement individuel du citoyen face à l'usage qu'il peut, qu'il doit ou qu'il veut en faire. Ce positionnement relève de l'agir et donc, implicitement, de l'éthique. Ces différents aspects sous-tendent la recherche qui a été menée dans la perspective de mettre en lumière en quoi, dans le domaine de l'information et de la communication, la dimension éthique est indissociable du développement technologique, et ce, dans le contexte des sociétés ouest-africaines, du moins.

Pour les géants des télécommunications nord-américains, européens ou japonais, l'Afrique représente 400 millions de consommateurs. Différentes formes de coopération sont actuellement en cours. Les Nations-Unies consacrent environ 18 millions de dollars à l'amélioration des réseaux de télécommunication en Afrique. L'initiative américaine Leland, qui a pour objectif d'aider vingt pays africains à être présents et actifs sur le réseau Internet, dispose d'un budget de 15 millions de dollars. Des programmes visent ainsi à favoriser l'expansion des TIC en Afrique. Or, selon certains, les raisons profondes

15. Voir à ce sujet Patrick J. Brunet (dir.), *L'éthique dans la société de l'information*, Sainte-Foy (Québec)/Paris, Les Presses de l'Université Laval/L'Harmattan, 2001.

de ces initiatives ne sont pas toujours précisément définies. « *Derrière l'humanitaire et le philanthropique des centres de recherches et des institutions, se profile un autre danger : l'aide axée sur la satisfaction de besoins extra-déterminés crée l'habitude et transforme la consommation en besoin*[16]. » Le danger de la dérive consommatrice est réel. Par ailleurs, on peut relever d'autres initiatives et programmes de coopération, tels celui de la Banque mondiale Infodev, celui de la Commission européenne ou encore le programme canadien Acacia[17] (Communautés et société de l'information en Afrique) financé par le Centre de recherches pour le développement international (CRDI). Ce dernier programme vise en particulier à promouvoir l'appropriation par les Africains eux-mêmes des nouveaux outils de communication en favorisant, entre autres, la création de contenus africains. En effet, l'absence de régulation laisse le réseau ouvert à tout type de contenus et à tous les usages. La liberté de l'utilisateur doit bien sûr être sauvegardée et respectée. Cette liberté place chacun devant la responsabilité d'utiliser Internet comme il l'entend. La responsabilité individuelle en matière d'usage des TIC doit être de mise. Qu'en est-il de la responsabilité collective ? Les gouvernements africains doivent faire montre d'initiatives éclairées en matière de développement des TIC dans leurs pays respectifs. Rappelons que le développement d'Internet dans les pays occidentaux s'est effectué à partir d'une volonté politique et d'un soutien gouvernemental. Or, il semble que dans la plupart des pays africains où se développe Internet, c'est l'initiative privée qui en est le fer de lance. Est-ce dommageable ? Les gouvernements locaux doivent-ils intervenir, et de quelle manière ?

2.2. QUESTIONS SPÉCIFIQUES

À partir de la problématique générale qui s'intéresse à dégager les enjeux éthiques auxquels sont confrontés les pays africains face à l'intégration des TIC et plus précisément d'Internet, la recherche met en lumière plusieurs aspects particuliers qui débouchent sur autant de questions spécifiques, dont les suivantes :

16. Daouda Moudjibath, « Les enjeux d'Internet en Afrique », *Africultures*, n° 23, décembre 1999, Paris, L'Harmattan, p. 7.
17. Ce programme est l'une des réponses du Canada à l'Initiative Société de l'information en Afrique mise en œuvre par la Commission économique des Nations-Unies pour l'Afrique.

- En quoi les enjeux éthiques qui sous-tendent l'implantation des réseaux électroniques d'information et de communication en Afrique sont-ils associés aux enjeux économiques et culturels ?
- En quoi les TIC modifient-elles la liberté d'information et l'accès à l'information ?
- Quelles sont les responsabilités des gouvernants face aux contenus illicites et offensants ? (Faut-il sensibiliser les utilisateurs ? Réglementer ? Filtrer ?)
- D'une manière générale, Internet doit-il ou peut-il être réglementé ? (Pour ou contre une réglementation locale, nationale, internationale ? Pour ou contre une autorégulation ?)
- Quelle est la part des responsabilités individuelle et collective dans l'usage d'Internet ?
- Comment sauvegarder le respect de la vie privée ?
- Comment respecter la liberté individuelle et les droits de la personne ?
- En quoi le développement d'Internet participe-t-il au déséquilibre croissant des flux d'information Nord-Sud ?
- En quoi Internet peut-il se présenter comme une opportunité de promouvoir le dialogue Sud-Sud ?
- La conception africaine de l'espace et du temps est-elle menacée par les technologies de l'information et de la communication transfrontières et en temps réel ?
- En quoi Internet peut-il favoriser le métissage culturel ?
- Dans quelle mesure Internet peut-il permettre aux entreprises africaines de participer au phénomène de la mondialisation et constituer une opportunité de participer au commerce mondial en les mettant en contact avec les entreprises et les marchés internationaux ?
- L'identité africaine (dans le monde réel) et les réseaux sociaux sont-ils menacés par des contenus culturels ou idéologiques majoritairement produits par les pays du Nord ou par des contenus illicites ou offensants ?

2.3. INTERNET EN AFRIQUE : CONSIDÉRATIONS ET TENDANCES GÉNÉRALES

Le présent projet concerne spécifiquement les enjeux et les défis éthiques soulevés par les technologies de l'information et de la communication dans cinq pays d'Afrique de l'Ouest. La recherche s'est déroulée dans trois pays francophones (le Burkina Faso, la Côte d'Ivoire, le Sénégal) et deux pays anglophones (la Gambie et le Ghana). Les enquêtes menées auprès de personnes dans ces cinq pays permettent de dégager certaines tendances concernant la perception d'Internet et de ce que nous avons appelé le **degré de conscientisation éthique** reliée à Internet et à son usage. L'analyse des données recueillies met en lumière les différents enjeux soulevés par le développement d'Internet en Afrique. Elle permet de formuler quelques réponses qui conduisent à la proposition de ce que nous avons nommé un « **modèle éthique d'intégration d'Internet** » en Afrique[18].

2.3.1. Une préoccupation éthique amoindrie (étouffée) par la fascination de la technique

Pour une grande partie de la population expérimentale, la fascination qu'exerce la technique, associée à l'ampleur actuelle des technologies de l'information et de la communication et au phénomène de la mondialisation, a pour effet de laisser de côté les questions éthiques reliées à ces technologies. En effet, les préoccupations d'une majorité des utilisateurs potentiels ou réels d'Internet concernent surtout le manque de moyens techniques et financiers auxquels font face les pays africains. Elles concernent aussi la crainte que le retard économique soit accentué par la connexion insuffisante de ces pays au réseau mondial. Le nombre d'internautes en Afrique est estimé à environ 1 % de la population africaine.

La dimension éthique ne rejoint que dans un second temps une partie seulement de la population et se présente ainsi comme une préoccupation relativement secondaire comparée aux autres réalités du développement des pays concernés.

---

18. Voir 3.6 et le chapitre VII.

2.3.2. Deux grandes tendances

Dans la foulée des travaux de Jacques Ellul sur l'influence de la technique dans le social[19], nous pouvons avancer que la technique, communément appelée ces dernières années « technologie » par le double phénomène d'un glissement sémantique et d'entraînement, exerce une certaine fascination et s'accompagne d'une mythologie de toute-puissance. À ce constat s'ajoutent les aspects particuliers liés au transfert de technologie.

Ce qu'il convient de souligner ici, c'est que deux grandes tendances se dégagent de l'étude menée dans les cinq pays visités. La première : Internet apparaît pour les uns comme l'outil incontournable dont l'Afrique doit se doter impérativement pour entrer dans la mondialisation et participer aux échanges internationaux ; Internet est l'outil indispensable de développement. La seconde tendance est partagée par les autres personnes interrogées, qui considèrent Internet de façon plus modérée et nuancée. Selon elles, Internet n'est qu'un outil qu'il convient d'utiliser avec une certaine prudence compte tenu des effets pervers que son usage pourrait entraîner. L'implantation d'Internet doit s'inscrire dans le cadre d'une politique de développement générale ou globale et être accompagnée d'un ensemble de mesures liées à son intégration par les populations (formation, sensibilisation, etc.).

Ces deux tendances générales posent finalement la question de l'appropriation d'Internet par les populations et des conditions favorisant son intégration optimale sur le plan de l'éthique. La recherche s'est effectuée à partir d'une approche axiologique et l'analyse des résultats a abouti à la proposition d'un modèle éthique d'intégration d'Internet.

3. UNE APPROCHE AXIOLOGIQUE DE L'INTÉGRATION D'INTERNET

Selon une approche anthropologique de la culture, les individus d'une communauté faisant face à une situation problématique qui soulève des enjeux particuliers vont apporter des solutions qui sont

19. Voir à ce propos Jacques Ellul, *Le système technicien*, Paris, Calmann-Lévy, 1977.

toujours reliées à différents domaines de la culture. Ces solutions s'appuient sur cinq principaux présupposés anthropologiques de la culture[20], à savoir : la nature de la relation avec l'environnement, la nature de la réalité et de la vérité, la nature de la nature humaine, la nature de l'activité humaine (corrélation de la nature de la relation avec l'environnement), la nature des relations humaines.

Selon cette approche axiologique, à partir des données recueillies, nous avons pu effectuer une analyse de l'orientation culturelle et éthique des solutions apportées aux enjeux d'Internet auprès des différentes catégories d'utilisateurs réels ou potentiels.

3.1. CATÉGORISATION DES COMPORTEMENTS DES UTILISATEURS D'INTERNET

L'éthique est liée à tout comportement qui a des conséquences pour autrui. Utiliser Internet est un comportement communicationnel. Pour mieux cerner ce comportement, il faut comprendre comment les utilisateurs eux-mêmes perçoivent la situation, à savoir les problèmes et les enjeux qui les touchent en tant qu'utilisateurs d'Internet.

---

20. D'après Edgar H. Schein, *Organizational Culture and Leadership*, San Francisco, Jossey-Bass, c1992. Il définit ces cinq présupposés de la manière suivante :
    1) la nature de la relation avec l'environnement : – l'adaptation est valorisée (nous nous adaptons ; – le contrôle est valorisé (attitude agressive, on s'impose) ; – l'attitude fataliste est valorisée (valeur fataliste) ;
    2) la nature de la réalité et de la vérité : trois valeurs possibles (nous croyons que...) : – valeur objective : la vérité est quelque part, on va la découvrir (attitude scientifique), – l'autorité est valorisée : ce que le chef dit est la vérité ; – l'intersubjectivité est valorisée : une vérité est issue de la concertation (on discute ensemble et on trouve la solution) ;
    3) la nature de la nature humaine : – les individus sont considérés comme étant égoïstes ; – les individus sont considérés comme étant altruistes ; – les gens ne sont ni bons ni mauvais (« rousseauisme ») ;
    4) la nature de l'activité humaine (corrélation de la nature de la relation avec l'environnement) : – le travail est valorisé en tant que moyen de soumettre la nature (sociétés occidentales) ; – le travail est valorisé en tant que moyen de s'adapter aux circonstances de l'environnement ; – le travail est un moyen de subsistance ;
    5) la nature des relations humaines : – l'individu est valorisé : la personne la plus importante est celle qui est compétente (individualisme), ce qui peut signifier la personne qui a la plus de moyens (intellectuels, financiers...) ; – la personne qui a le pouvoir est valorisée : la personne la plus importante est l'autorité, celle qui a le pouvoir ; – l'opinion de chacun est valorisée : tout le monde est important.

En résumé, la démarche scientifique pose le questionnement ou raisonnement suivant : Pour résoudre les problèmes soulevés par l'implantation d'Internet en Afrique, des solutions peuvent être proposées par certains, qui entrent en conflit avec les solutions proposées par d'autres : il s'agit là des enjeux. Or parler des enjeux éthiques, c'est avant tout relever un problème d'ordre éthique né de l'écart entre une situation vécue ou réelle et une situation idéale. À partir de cette précision théorique et à la fois pour définir et circonscrire l'objet de la recherche, une question générale et pragmatique peut être formulée comme suit : « *Qu'est-ce que je vis en tant qu'utilisateur d'Internet ?* »

On peut distinguer plusieurs types d'utilisateurs d'Internet que l'on peut répartir en catégories par pays, organisations, professions ou groupes d'individus. Dans les cinq pays étudiés, les catégories d'utilisateurs ont été regroupés dans les secteurs suivants :

- institutions et agences gouvernementales (ministères de l'information, instances de régulation) ;
- institutions universitaires (départements de communication, d'informatique, écoles de journalisme, de multimédia, centres de recherche) ;
- ONG et associations (associations de femmes, etc.) ;
- médias (presse écrite, radio, télévision) ;
- compagnies privées locales ou multinationales (secteur agricole, industriel et commercial, secteur informatique) ;
- individus (étudiants, hommes de la rue).

Les utilisateurs de chacune de ces catégories vivent dans une situation ou un contexte particulier que l'analyse des données a contribué à faire émerger. Spécifiquement, ces utilisateurs peuvent se distinguer par le degré auquel ils reconnaissent que l'implantation, l'utilisation, l'appropriation ou l'intégration d'Internet engendre des problèmes, problèmes identifiés et présentés au moyen de questionnaires d'entretien.

Ces mêmes utilisateurs peuvent aussi se distinguer par le degré auquel ils tentent d'agir (de façon formelle ou informelle par des politiques institutionnelles ou organisationnelles, ou des initiatives individuelles) pour résoudre les problèmes engendrés par l'implantation-utilisation-appropriation-intégration d'Internet. À partir de ces considérations, nous avons été en mesure de dresser une typologie du comportement des utilisateurs face aux enjeux éthiques.

La recherche a eu, entre autres, pour objet de caractériser ces utilisateurs de manière à définir leur attitude éthique par rapport aux enjeux soulevés par Internet.

3.2. COMPORTEMENTS ET TYPES D'UTILISATEURS

L'étude du comportement permet de connaître les utilisateurs qui seront concernés par tel ou tel enjeu ou problème. Nous pouvons, par le truchement de cette recherche, mieux identifier ceux des utilisateurs qui vivent passivement ou activement Internet et ceux qui sont sensibles ou conscients ou non des enjeux liés à Internet. Nous avons pu dresser une typologie des utilisateurs (actifs, sensibilisés, latents, passifs) domestiques, institutionnels, d'entreprises privées, gouvernementaux, professionnels. Examinons les caractéristiques générales des deux grands types d'utilisateurs : les actifs et les passifs.

3.2.1. Utilisateurs actifs

Les utilisateurs dits actifs sont ceux qui adoptent un comportement responsable sur le plan éthique. Ils prennent le temps de réfléchir sur les conséquences et les problèmes liés à Internet. Ils adoptent un comportement de recherche : ils prennent une distance critique vis-à-vis des données obtenues par Internet, ils vont chercher l'information (participation à des séminaires, conférences, lecture de livres et de magazines spécialisés américains, français ou autres portant sur le réseau Internet) et suivront une formation sur les questions entourant Internet. Les utilisateurs actifs sont conscients des problèmes et des enjeux liés à Internet, et particulièrement ceux qui relèvent de l'éthique, et sont prêts à trouver des solutions et à s'engager dans leur application.

3.2.2. Utilisateurs passifs

Les utilisateurs passifs sont ceux qui ne s'arrêtent pas beaucoup pour réfléchir aux conséquences et aux problèmes soulevés par Internet. Leur caractéristique principale est le fait qu'ils obtiennent et traitent l'information qui leur arrive surtout de manière aléatoire, et non à partir d'une démarche de recherche critique. Ce comportement est d'ailleurs renforcé par les modes de langage d'Internet qui procèdent par arborescence et convergence. Bien qu'ils puissent faire montre d'une certaine sensibilisation, même faible, aux problèmes et aux enjeux engendrés par Internet, ces utilisateurs ne se sentent pas vraiment concernés par eux et adoptent à leur égard une attitude passive et ce, particulièrement en ce qui a trait aux enjeux éthiques.

Entre ces deux types de comportement, on peut en distinguer deux autres : les utilisateurs sensibilisés et les latents qui sont caractérisés par un degré de conscientisation éthique moyen ou faible. Les différentes caractéristiques de ces quatre types de comportement éthique sont présentés en détail dans la dernière partie du livre qui présente les résultats de la recherche, les conclusions et les recommandations[21].

3.3 HYPOTHÈSES DE RECHERCHE

À partir de la problématique générale concernant le développement d'Internet en Afrique et la question de son utilisation, appropriation ou intégration, plusieurs hypothèses de recherche ont pu être formulées :

- Les utilisateurs passifs seront le plus souvent réfractaires aux messages de sensibilisation à propos d'Internet car, selon les théories de la communication, l'information traitée (celle des passifs) a moins d'effet que l'information recherchée (celle des actifs).
- Ceux qui reconnaissent l'existence de problèmes auront davantage tendance à rechercher de l'information sur les enjeux d'Internet, à la traiter et à s'ajuster en conséquence (à l'appliquer).
- Un haut niveau de contraintes (politiques, techniques...) diminue les possibilités que les utilisateurs recherchent de l'information sur les conséquences d'Internet ou traitent cette information. La raison en est qu'ils savent que cette information n'aura ni valeur ni effet pour eux.

21. Voir la conclusion : Profil des comportements éthiques des utilisateurs des pays représentés, chapitre VII, 1.5.

- Le niveau d'implication est un indice du caractère passif ou actif de l'utilisateur dans la recherche d'information sur les incidences d'Internet.

3.4 Méthodologie

La recherche a été effectuée à partir d'une analyse des données recueillies auprès d'un échantillon de personnes rattachées de près ou de loin au développement et à l'utilisation d'Internet en Afrique de l'Ouest. Un protocole d'entrevue a été élaboré et soumis à un échantillon total de 105 personnes interrogées à Abidjan (Côte d'Ivoire), à Dakar (Sénégal) et à Ouagadougou (Burkina Faso) pour les pays francophones, à Accra (Ghana) et à Banjul (Gambie) pour les pays anglophones.

Sur le plan méthodologique, nous avons, au moyen de questionnaires, proposé aux différents utilisateurs d'Internet réels ou potentiels plusieurs problèmes et enjeux sous forme de spéculations relatives à l'introduction d'Internet dans chacun des pays étudiés et débouchant sur une série de questions. Six types d'enjeux éthiques reliés au développement d'Internet ont été relevés :

1. Enjeux éthiques reliés à l'exclusion et à l'inégalité ;
2. Enjeux éthiques reliés à la dimension culturelle (contenus véhiculés par Internet) ;
3. Enjeux éthiques reliés aux coûts et au financement d'Internet ;
4. Enjeux éthiques reliés à l'implantation sociotechnique d'Internet (résistance, usages) ;
5. Enjeux éthiques reliés au pouvoir politique ;
6. Enjeux éthiques reliés à la sphère économique.

Les spéculations proposées se traduisent par le fait qu'Internet soulève des problèmes divers (exclusion, inégalités, contenus étrangers ou offensants, investissements financiers, infrastructures techniques, scolarisation, formation et apprentissage, outil politique ou économique) auxquels des solutions peuvent et doivent être proposées. L'enquête avait ensuite pour objectif d'interroger les interlocuteurs sur les solutions qu'eux-mêmes, les utilisateurs, étaient prêts à apporter aux problèmes soulevés par Internet. Une analyse de contenu a ensuite permis de répondre aux questions suivantes :

- Quelles sont les valeurs d'ordre culturel que les solutions proposées véhiculent ?
- Quelles sont les valeurs éthiques sous-tendues par ces solutions ?

L'analyse a permis de dégager l'orientation culturelle et les fondements éthiques de ces solutions, ce que nous appelons le **degré de conscientisation éthique** des utilisateurs. Plus précisément, l'analyse des solutions proposées aux problèmes liés à Internet a été effectuée à partir de présupposés correspondant aux éléments sur lesquels une communauté fonde ses valeurs.

Enfin, après l'analyse des informations recueillies relatives à l'implantation, à l'utilisation, à l'appropriation et à l'intégration des TIC en général et d'Internet en particulier, la recherche aboutit à la proposition d'un modèle éthique d'intégration d'Internet dont les résultats sont présentés dans cet ouvrage.

3.5 VERS L'ÉLABORATION D'UN MODÈLE ÉTHIQUE D'INTÉGRATION D'INTERNET[22]

La recherche nous a conduits à élaborer un modèle éthique d'intégration qui puisse servir de référence tant au niveau des politiques nationales des pays africains que sur le plan individuel, soit celui de l'utilisateur. Ce modèle pourrait d'ailleurs déborder les frontières africaines et être considéré sur un plan international plus large. Ce modèle éthique s'impose, selon nous, à partir du constat de paradoxes relevés dans les pays étudiés, lesquels paradoxes sont observés à différents niveaux dans le contexte général de chaque pays. Ces paradoxes sont au cœur du questionnement éthique et sont constitués dans l'ensemble des sphères du social. Ils peuvent être formulés comme suit :

- Internet offre un outil d'accès à l'information, et en même temps renforce l'inégalité et l'exclusion.
- Internet constitue une ouverture sur le monde au plan culturel, et en même temps donne accès à des contenus idéologiquement marqués, illicites ou offensants.

22. Voir le modèle éthique d'intégration d'Internet proprement dit, chapitre VII, 1.5.

- Internet est considéré comme un outil d'information et de communication indispensable, et en même temps les coûts du matériel, des infrastructures et des télécommunications associés à cette technologie entrant en concurrence avec d'autres priorités et renforcent une forme de dépendance économique vis-à-vis du Nord.
- Internet doit être accessible à tous, et en même temps cette technologie peut renforcer un certain illettrisme technologique.
- Internet doit faire l'objet, pour les uns, d'une implication gouvernementale pour son développement, et en même temps, pour les autres, doit échapper à l'intervention de l'État.
- Internet contribue au développement économique général des pays, et en même temps renforce particulièrement les monopoles d'État ou celui des multinationales étrangères au détriment des PME locales.

L'analyse des données recueillies nous a permis finalement de proposer des recommandations portant sur les besoins d'information (sensibilisation) et de formation de la population, sur les politiques à mettre en œuvre pour l'informatisation nationale, sur les mesures de régulation et de juridiction.

Chapitre II

Le Burkina Faso

Les enjeux éthiques reliés à l'exclusion et à l'inégalité

- *Internet creuse un écart entre les individus, les organisations et les pays en ce sens que ceux qui possèdent déjà les connaissances et les moyens financiers en profitent plus que ceux qui n'en possèdent pas.*
- *On constate que l'informatiquement illettré, les groupes de non-consommateurs et les territoires sous-équipés en moyens de communication sont les exclus du réseau.*

Internet, au service des plus favorisés seulement ?

La quasi-totalité des interlocuteurs pensent qu'Internet va creuser un écart entre différentes couches de la population. Plus qu'ailleurs, c'est à Ouagadougou que nos informateurs mentionnent le fait qu'il ne suffit pas d'être « alphabétisé » « pour se mettre à l'informatique » : « *on peut être « lettré » et analphabète informatiquement* », nous dit-on. Il y a cependant concordance entre certains chiffres : le Burkina Faso comprendrait 90 % d'analphabètes et environ 3 000 personnes seulement disposent d'un ordinateur. Parmi celles-ci, sans doute moins de la moitié sont connectées au réseau. « *On peut donc en déduire que le Burkina Faso comprend tout autant un grand nombre d'analphabètes et un grand nombre d'analphabètes informatiques.* » Quant à la corrélation entre richesse et « alphabétisation informatique », les déclarations vont ici dans le sens de ce que nous avons entendu ailleurs. Ce n'est pas parce qu'on est riche qu'on est cultivé et qu'on se sert d'un ordinateur. Un grand nombre d'opérateurs économiques qui se sont enrichis dans le secteur du bâtiment ou dans l'agroalimentaire, notamment, sont complètement illettrés et méprisent diplômes et diplômés. « *Ils n'ont pas accès à Internet mais cela leur importe peu.* »

Chez les autres burkinabés riches ou dans les entreprises possédées par les riches, le personnel est là pour « tout faire ». Mais là où il y a concordance, c'est que les possesseurs de matériel informatique se trouvent essentiellement chez les riches lorsqu'il s'agit d'une utilisation individuelle de l'outil. « *Un ordinateur coûte, en effet, autour d'un million de francs CFA* » (soit environ 2 000 $ CAN ou 10 000 FF). Les autres utilisateurs sont des personnes qui disposent de l'outil sur leur lieu de travail : entreprise ou fonction publique (administrations, écoles, etc.). Ils « se sont mis à l'informatique » ou ont fait des études, en général, à l'étranger, mais de plus en plus souvent à Ouagadougou. Ce sont essentiellement ceux-là qui constituent la classe moyenne. Une autre donnée est qu'Internet se répand surtout dans les zones où la vie économique se développe déjà par des actions spécifiques.

Les personnes interrogées pensent beaucoup au fait qu'Internet peut créer ou crée des inégalités dans une société donnée. Elles y pensent souvent aussi lorsqu'elles ont la joie de trouver des informations que les non-connectés ne peuvent se procurer. Elles y pensent également chaque fois que, par manque de moyens ou de matériel, elles ne peuvent accéder aux informations qui sont probablement contenues dans le réseau. Ces sensations s'étagent donc entre des impressions de privilège et des sentiments de frustration. « *Internet devrait déjà être à la disposition de tout le monde.* »

RÉDUCTION DE L'ÉCART ET MOYENS D'ACTION

Comme dans les autres pays, la possibilité d'agir pour réduire les inégalités créées par le réseau varie beaucoup selon la fonction occupée. Les représentants des entreprises telles que les fournisseurs d'accès ou des organismes publics et parapublics de télécommunications et la plupart des employés du secteur technique raisonnent surtout exclusivement en termes de **nombre**. Il est vrai que plus il y aura de sites et plus de personnes seront connectées à ces sites, plus l'utilisation d'Internet s'étoffera. D'autres professions font preuve de considérations plus qualitatives. C'est le cas notamment des enseignants, des formateurs, des responsables d'associations, etc., qui s'attachent plutôt à **comment** utiliser le réseau. Mais l'on doit reconnaître que ces deux points de vue sont complémentaires, car sans l'existence des réseaux la question du « comment » ne se poserait pas. Ou alors il s'agit d'exposés techniques ou descriptifs sur ce qu'est Internet et son fonctionnement, mais une telle approche demeure purement spéculative si les interlocuteurs ne « voient » jamais de matériel pour passer à la pratique. Ces situations peuvent se produire dans les écoles, en particulier dans les établissements techniques, qui ne sont pas équipées d'ordinateurs. Il s'ensuit souvent un désintéressement à relativement court terme et une frustration s'installe assez rapidement. C'est la raison pour laquelle, au risque de créer des inégalités comme il en était question plus haut, des actions spécifiques en direction des jeunes dans le cadre scolaire ou hors de celui-ci ne pourraient être que bienvenues. L'écart ainsi ouvert ne serait que l'un des aspects du fossé creusé entre générations. Rien n'empêcherait pourtant ces jeunes de « former », par le jeu notamment, leurs camarades moins chanceux et, pourquoi pas, leurs père, frères et sœurs, la « formation » de la mère étant plus problématique.

SOLUTIONS PROPOSÉES

La réponse la plus fréquente à la question de savoir quelles solutions spécifiques sont préconisées pour empêcher ou diminuer l'écart créé entre les individus selon qu'ils utilisent ou non Internet est unanime : la possibilité de son utilisation communautaire. Cette suggestion nous a aussi été faite dans les autres pays, surtout les nations anglophones (Gambie et Ghana). Il s'agit de la création de lieux publics, en général gérés par des entreprises privées : cybercentres et cybercafés. Le gouvernement milite beaucoup pour le développement des Télécentres communautaires polyvalents (TCP). Il y en aurait environ 50 en province. Une autre mesure prise, couronnée de succès, est l'établissement de Télécentres pilotes (TP). Ce sont des établissements installés dans des zones pilotes, par exemple dans celles où l'on a entrepris la culture intensive du haricot vert ou la fabrication rationnelle du beurre de karité en coopératives. L'idéal serait de développer le réseau aussi dans les villages les plus reculés afin de créer « un renversement de la vapeur » et que la présence d'Internet attire d'autres activités. Nos interlocuteurs allèguent aussi que si l'Administration prenait en charge la création d'un plus grand nombre de télécentres (étatiques), les coûts seraient inférieurs à ceux que pratique le secteur privé, même si ce dernier est « encadré » par l'État.

Comme cela a été dit plus haut, selon la profession de l'interlocuteur, l'accent est mis soit sur l'aspect quantitatif, soit sur l'aspect qualitatif. Dans le second cas, une solution au développement d'Internet pourrait être la mise en place ou l'accélération de la formation. Il est certain que la formation locale augmente, dans les écoles, les écoles supérieures et les instituts spécialisés, mais les Burkinabés déplorent la diminution du nombre d'étudiants qui ont la possibilité d'aller étudier à l'étranger. Pour un faisceau de raisons, les jeunes reçoivent moins de bourses qu'à une époque encore récente pour continuer leurs études et se rendre à l'étranger. Plusieurs personnes soulignent l'absence de relais après le désengagement de l'État burkinabé.

RÉPERCUSSIONS POSSIBLES DE L'ÉCART D'UTILISATION SUR LES AUTRES INTERVENANTS

La quasi-totalité des personnes interrogées pensent qu'il y aura de fortes répercussions si Internet creuse l'écart dans la population et dans leur propre pratique du réseau, que ce soit dans le cadre d'une utilisation professionnelle ou individuelle. « *Le réseau s'enrichit de lui-même* » ; donc plus on l'utilise, plus on est susceptible d'y apporter sa contribution. Si par exemple tous les universitaires et les chercheurs diffusaient leurs travaux sur Internet, le réseau contiendrait encore plus d'informations sur l'Afrique, rédigées par des Africains. Cela réglerait aussi le problème des publications : un grand nombre de manuscrits « dorment » dans les universités parce qu'il est très difficile de publier en Afrique. Certains travaux intéressent des éditeurs étrangers, mais l'édition locale devrait se multiplier. L'utilisation d'Internet pourrait ainsi permettre de sauter une étape : celle de l'édition traditionnelle. Elle contribuerait ainsi à combler la carence des publications dans la plupart des pays africains. Et selon le principe précédemment évoqué, ces nouvelles publications, disponibles pour tous, susciteraient commentaires, suggestions, articles contradictoires... et le Net s'enrichirait encore.

LES ENJEUX ÉTHIQUES RELIÉS À LA DIMENSION CULTURELLE (CONTENUS VÉHICULÉS PAR INTERNET)

- *Internet favorise l'intrusion dans les pays en développement de contenus qui viennent principalement des pays développés.*
- *Par exemple, Internet serait une porte ouverte à la pornographie.*

DE L'HÉGÉMONIE MÉDIATIQUE ET CULTURELLE DU NORD

La grande majorité des personnes interrogées reconnaissent que la plupart des programmes viennent du Nord, mais « *avons-nous le choix ?* ». Tout phénomène comporte des aspects positifs et des aspects négatifs. Il faudrait en revenir aux objectifs du NOMIC (Nouvel Ordre mondial de l'information et de la communication), programme de diffusion de l'information mis en place par l'UNESCO en 1980, qui avait pour but de réduire la forme actuelle d'apartheid de la communication. En ce qui concerne Internet et ses contenus, mieux vaut recevoir les programmes des pays du Nord que ne rien recevoir du tout, puisque les Africains n'en ont pas encore produit beaucoup. Pour la plupart de nos informateurs, les Africains sont en grande partie responsables de cet état de fait. « *La colonisation est terminée depuis longtemps mais nous gardons une mentalité d'assisté* », nous a-t-on déclaré. C'est bien dommage, car l'expérience entraîne l'expérience. À l'utilisation d'un programme, on peut se rendre compte de ce qui ne va pas et ainsi éviter de reproduire les mêmes erreurs. « *Rien ne remplace l'expérimentation, il faut toujours procéder par essai/erreur.* » Mais les Africains sont bien conscients que si les pays du Nord aident ceux du Sud, ils y ont fondamentalement un ou plusieurs intérêts (commercial, géopolitique, stratégique, etc.).

Nos interlocuteurs savent qu'en recevant des programmes « étrangers », « *le risque d'acculturation est fort mais il faut le prendre* ». Ce risque est d'autant plus grand que « *la mystification joue à plein car on apprécie beaucoup mieux les programmes venus de l'Occident que les nôtres, par le seul fait qu'ils sont produits ailleurs* ». Et même si les contenus autochtones plaisent moins aux utilisateurs locaux, il y a au moins un choix ! On se rend compte que certains sujets proches des préoccupations des populations ont déjà donné lieu à la réalisation de sites. C'est ainsi qu'au Burkina Faso une vingtaine de sites traitent du tourisme, de l'art et de l'artisanat, de l'histoire et des ONG (organisations non gouvernementales) présentes sur le terrain ou qui pourraient y venir. Les autres sites sont essentiellement ceux d'entreprises qui agissent localement mais qui ne sont pas nécessairement burkinabées.

Cette mystification peut être nocive, « *car on prend souvent pour argent comptant les informations venant du Nord* », même si l'on sait qu'il y a des problèmes au niveau de la fiabilité des informations. Tout le monde peut mettre sur le réseau ce dont il a envie, sans contrôle.

Pour vérifier la véracité de l'information, il faut souvent des moyens dont on ne dispose pas. C'est la raison pour laquelle de plus en plus d'erreurs seront commises « *par le repiquage des informations* ». Cet aspect touche à l'éthique car on ne cite plus ses sources et on pratique le « copier-coller » à outrance. (Remarquons au passage que ces pratiques n'ont pas cours seulement dans les pays africains !) Dans une petite communauté, par exemple celle des chercheurs, peu nombreux et disposant de peu de matériel, « *on parvient encore à déterminer qui a piqué quoi et où, mais quand le réseau sera plus largement répandu, l'identification sera bien plus difficile* ».

INTERNET, INSTRUMENT DE DÉVELOPPEMENT

Les personnes interrogées pensent souvent ou très souvent au fait que la majorité des contenus disponibles au Burkina Faso provient surtout des pays du Nord. Certains s'en réjouissent d'ailleurs, « *car c'est une porte ouverte vers la connaissance* » et comme, souvent, les contenus sont attractifs, « *c'est une récréation en même temps que du travail* ». Des interlocuteurs engagés dans la recherche pensent que leurs travaux seraient ainsi valorisés et qu'eux-mêmes seraient mieux connus ou reconnus par la publication de leurs recherches sur le Net. « *Nous jouons déjà un tout petit rôle et il est ainsi encore minoré : c'est ce qui contribue à nous éclipser de la scène internationale.* »

Internet permettrait de gagner du temps en l'utilisant comme outil pour ses propres recherches. C'est le cas par exemple si l'on a à effectuer enquêtes et sondages. Le réseau routier étant peu développé et les conditions de voyage malaisées, Internet serait un auxiliaire précieux pour adresser des questionnaires en ligne. L'ordinateur peut servir au dépouillement des *verbatims*, nous dit ce sociologue qui se plaint de « *ne trouver qu'un seul ordinateur connecté au sein de son Institut : il est évidemment toujours pris d'assaut* ». Le temps ainsi perdu à se déplacer dans de mauvaises conditions et à effectuer les calculs avec des moyens traditionnels pourrait être mis au service d'une recherche plus approfondie ou plus prompte à fournir ses résultats. « *Lorsque l'on est aidé par des moyens pratiques pour accomplir les tâches répétitives et subalternes et que la performance est meilleure, c'est beaucoup plus encourageant pour continuer.* »

Nos informateurs jouant un certain rôle dans la haute fonction publique pensent faire tout ce qui est en leur pouvoir pour dynamiser la création de contenus autochtones : « *on ne peut pas toujours reporter sur les autres nos propres faiblesses* », disent-ils. Internet serait un objet de fierté non seulement au sein du pays, mais il « *ferait « briller » le Burkina Faso aussi bien auprès des autres pays africains que par rapport à nos partenaires du Nord* ».

RÉSULTATS IMMÉDIATS : LE BURKINA BRANCHÉ, MAIS AVEC QUELS MOYENS ?

Internet intéressera d'autant plus les Africains que des contenus tiendront compte de leurs besoins réels. Ceux-ci correspondent plus ou moins aux neuf secteurs considérés comme prioritaires par le gouvernement burkinabé et qui sont inscrits dans le prochain Plan. Ce sont :

- des formations formelles (c'est-à-dire l'enseignement en maternelle, primaire, secondaire et supérieur) et la formation non formelle (continue) ;
- la santé ;
- l'environnement hydraulique ;
- l'agriculture, l'élevage, la pêche ;
- l'artisanat ;
- le commerce ;
- l'emploi et l'entrepreneuriat (culture du haricot vert, coopératives de beurre de karité, etc.) ;
- la culture et les loisirs ;
- les genres (problèmes liés à la condition de la femme, par exemple).

« *Le problème est que tous ces secteurs sont « prioritaires* » » et donc beaucoup d'informations sur ces sujets et ces projets intéresseraient les Burkinabés et sans doute les autres Africains aux prises avec les mêmes problèmes. Les entreprises des autres pays, y compris celles du Nord, pourraient y voir un intérêt commercial aussi.

Une autre solution à apporter au développement d'Internet est l'enseignement massif de l'anglais. Car l'usage du français s'apparente pour beaucoup à l'utilisation d'une langue étrangère. La grande majorité de la population ne connaît que les langues locales – au moins au niveau du parler – et le premier apprentissage d'une langue étrangère est celui du français. Mais il faut bien le posséder pour l'utiliser sur Internet. L'enseignement du français et de l'anglais servirait à bien d'autres secteurs que la pratique d'Internet : le commerce, les matières premières et le tourisme, par exemple. Ce dernier domaine serait l'un des plus rentables à développer, à condition qu'y participent les entreprises locales au niveau de la construction et de la gestion. C'est aussi un secteur important pour l'offre d'emploi. De plus, il intéresse toutes les classes sociales, depuis le directeur jusqu'au balayeur. Mais on est bien conscient que l'enseignement des langues de l'Internet est envisagé comme un « commencement ». « *Il reste ensuite à former à la pratique du réseau puis à la mise en garde de ce que l'on peut trouver de bon et de mauvais.* »

Une autre solution à la pénurie des contenus en provenance du Sud pourrait venir de l'installation d'infrastructures entre les pays africains. Actuellement, c'est comme si, pour aller de Bordeaux à Toulouse, il fallait passer par Paris. « *À notre échelle c'est ce qui se passe lorsque nous voulons échanger des informations avec un pays voisin comme le Bénin, par exemple.* » Et ces liaisons coûtent très cher, inutilement, puisque l'argent va dans la poche des prestataires de services occidentaux. Le problème majeur est de savoir qui va payer dans la région, car chacun des pays a bien assez à faire pour développer ses propres infrastructures. Et les pays du Nord qui aident le Sud n'ont pas intérêt à établir des liaisons transversales : cette manne leur échapperait.

La communauté internationale pourrait faire davantage, aussi, sans avoir à engager des frais exorbitants. Elle pourrait par exemple, comme c'est le cas pour d'autres machines, faire parvenir au pays du Sud les ordinateurs qui ne sont plus « utiles ». Quand nous voyons ces « cimetières » de matériel déclassé en Occident, nous pensons qu'il y a réellement gaspillage. Les ordinateurs réformés ne seraient peut-être pas utiles pour tout, mais ils pourraient être installés dans les lycées techniques aux fins de démonstration. Sans parler d'un ordinateur par élève, il y a encore des lycées techniques (ou autres) qui ne possèdent même pas un ordinateur par classe. « *A-t-on une idée de ce que « le bug de l'an 2000 » a fait mettre à la réforme ? A-t-on une idée du nombre d'enfants africains qui auraient eu l'opportunité de voir une machine si l'Afrique les avait reçues du reste du monde industrialisé ?* », se demande-t-on à Ouagadougou.

Si les solutions évoquées par nos interlocuteurs étaient mises en place, elles auraient un effet immédiat sur le développement d'Internet dans leur pays. Certains informateurs pensent que « *le Burkina Faso mettra 5 ou 6 ans pour être massivement connecté* », mais personne n'a indiqué ce qu'ils entendent numériquement par « massivement ». Ce développement pourrait se faire en dépit d'un certain immobilisme de l'État qui ne se résout pas à baisser les droits de douane pour ne pas se priver d'une manne substantielle. Et il convient de ne pas se couper de l'extérieur car « *nous avons encore beaucoup de choses à apprendre* », à tout point de vue mais surtout sur le plan technique. On sait combien l'Europe a eu du mal à développer Internet dans ses différents pays : il s'agissait de décisions nationales. Face à cette situation, il faut dire que les prestataires de services rencontrent encore plus de problèmes techniques dans les pays du Sud.

IMPACT DE L'INTRUSION MÉDIATIQUE MASSIVE DES PAYS DU NORD

Dans l'ensemble, les Burkinabés ne sont pas très critiques au sujet de l'entrée des contenus du Nord dans leur pays. Ils pensent avant tout que c'est une question individuelle. Si les contenus donnent satisfaction, c'est une grande chance de pouvoir les recevoir. Si les contenus sont néfastes, illicites ou illégaux, c'est aussi une question individuelle car personne n'est contraint de les regarder. L'individu n'a qu'à s'en prendre à lui-même s'il « tombe » sur des sites illicites : c'est qu'il les a cherchés, car, pour la plupart, ils sont beaucoup moins faciles à trouver qu'on ne le dit généralement. Les seuls qu'il faut protéger réellement sont ceux qui ne disposent pas de tout leur libre arbitre, en particulier les enfants. Dans ces cas les barrières sont plus difficiles à mettre en place, mais cela concerne encore la responsabilité individuelle des parents et des maîtres. Cette question a été abondamment étudiée à propos des moyens de communication antérieurs. En aucun cas c'est la machine, le réseau ou le Nord qu'il faut incriminer. En somme, le Burkinabé donne priorité à la responsabilité individuelle : l'individu est seul devant sa machine à son bureau ou chez lui.

Ces positions sont fondées sur une conception philosophiquement différente de celle qui prône la recommandation sans cesse réitérée d'une utilisation communautaire du réseau. En fait, ces deux suggestions sont complémentaires et correspondent à des étapes différentes de l'appropriation de l'ordinateur et du réseau par l'utilisateur. Pour en développer l'usage par les « masses » et les personnes culturellement ou financièrement défavorisées, rien ne vaut l'utilisation communautaire. Lorsque la personne est capable de « se débrouiller » seule et qu'elle dispose du matériel, l'utilisation peut évidemment s'effectuer dans des conditions « individuelles ». Mais ce qui guette alors l'internaute confirmé, qui peut utiliser à loisir son ordinateur connecté, c'est de devenir « accro » et de se couper de la réalité en se complaisant dans les mondes virtuels que propose le réseau. Cela est vrai sous n'importe quelle latitude, mais les difficultés de la vie africaine peuvent attirer l'internaute vers un autre monde qui gomme les épreuves de la vie. Il s'agirait en même temps d'un véritable phénomène d'acculturation dans une société dont la base de fonctionnement est la famille étendue et où le mode de vie est fondamentalement collectif.

LES ENJEUX ÉTHIQUES RELIÉS AUX COÛTS ET AU FINANCEMENT D'INTERNET

- *Internet est un outil complexe qui nécessite de gros investissements financiers. Même si l'importance de l'infrastructure en communication est maintenant reconnue, la concurrence est grande avec les autres priorités d'investissement (hôpitaux, routes...).*
- *On peut considérer que l'intégration d'Internet renforce l'endettement des pays en développement à cause de ses coûts élevés et du fait que la plus grande partie des équipements est achetée en devises étrangères ($ ou FF).*

INTERNET CÈDE LE PAS À D'AUTRES PRIORITÉS

Sur cette question, 46,1 % des personnes interrogées reconnaissent qu'Internet est un outil complexe qui nécessite de gros investissements financiers et entre en concurrence avec les autres priorités d'investissement (hôpitaux, routes...), même si l'importance de l'infrastructure en communication est maintenant reconnue. Ces mêmes personnes pensent que les décideurs devraient accorder une certaine priorité à Internet maintenant, car c'est un outil susceptible de favoriser les autres secteurs connexes (santé, éducation...), mais cela demande des investissements de base. Il s'agit d'ailleurs d'un problème constant en matière de télécommunication, vu que toute technologie devient vite obsolète. On entend aussi certaines personnes dire qu'Internet est conçu pour les pays riches et développés. Il faudrait donc que l'État engage des actions pour prouver qu'Internet constitue un raccourci pour des pays du Sud comme le Burkina Faso ; c'est une opportunité d'améliorer les politiques sectorielles (santé et autres) dans ce pays. Parmi ces 46,1 % se trouvent des chercheurs qui soutiennent qu'Internet est devenu prioritaire pour la recherche, mais ils estiment que les enveloppes financières y afférant sont toujours limitées.

Une proportion de 53,8 % des personnes interrogées n'approuvent pas la spéculation selon laquelle Internet entre en concurrence avec les autres priorités d'investissement. Le Burkina Faso est un pays où tout est prioritaire. Le budget alloué à l'informatique en général représente moins de 1 % du budget de l'État. Ce n'est donc pas que les décideurs ne comprennent pas les enjeux, mais il y a beaucoup d'autres actions à mener (écoles, santé, routes...).

QUELQUES CHIFFRES

Ici 23 % des interviewés pensent souvent au phénomène de concurrence d'Internet avec les autres priorités d'investissement. Par contre, 76,9 % n'ont pas répondu à la question. Il faut signaler qu'Internet est perçu ici comme quelque chose qui a un lien avec les politiques sectorielles, donc ce n'est pas un luxe au niveau institutionnel. C'est un outil dont le rendement est très élevé et qui permet de se faire repérer dans le monde. C'est aussi un puissant support pédagogique. Également, 7,6 % des personnes interrogées disent pouvoir agir pour améliorer l'image d'Internet auprès des décideurs. Par contre, 30,7 % estiment ne pas pouvoir agir et n'ont pas de marge de manœuvre en raison de leur position professionnelle ; 61,5 % n'ont pas répondu à cette question.

Enfin, 36,4 % des personnes interrogées pensent que la question de la répartition budgétaire aura une forte répercussion sur leurs institutions car elles dépendent de l'État et ce dernier est le plus grand consommateur informatique. Donc, le lien est direct par la mise à disposition des moyens de fonctionnement et d'équipement. Par conséquent, si le budget baisse, il y aura moins d'activités.

Moyens proposés pour le développement d'Internet

Au nombre des solutions proposées pour la promotion d'Internet, on retiendra qu'il faut élaborer des projets porteurs pour défendre l'informatique et qu'il faut introduire l'informatique à l'école secondaire. Il faudrait également intensifier la coopération avec le Nord afin d'être soutenu dans des domaines comme Internet. Des solutions aux difficultés d'acquisition des équipements informatiques devraient aussi être trouvées. Aucune donnée n'est ressortie en ce qui concerne les solutions proposées et leur impact.

Les enjeux éthiques reliés à l'implantation sociotechnique d'Internet (résistances, usages)

- *L'implantation d'Internet au pays n'est pas chose facile parce que toutes les conditions (scolarisation, identification des besoins...) ne sont pas toujours réunies.*
- *On dit souvent à ce sujet, par exemple, que le Nord transfère ses technologies vers le Sud pour des raisons pécuniaires, pas nécessairement parce qu'il y a un réel besoin.*

On trouve ici 61,5 % de personnes qui approuvent la spéculation selon laquelle l'implantation d'Internet au pays n'est pas chose facile parce que toutes les conditions (scolarisation, identification des besoins...) ne sont pas toujours réunies. Pour ces personnes, Internet est devenu un outil international, mais on constate actuellement un retard énorme chez nos étudiants qui partent étudier en Occident parce qu'ils ne sont pas initiés aux TIC. Il y a un décalage entre étudiants burkinabés et étudiants européens, ou nord-américains. On a l'impression que rien n'est fait pour réduire ou supprimer cette disparité. Le niveau de scolarisation est bas. Il n'est pas facile d'expliquer dans la langue vernaculaire l'utilité d'Internet. Quant à l'accès à Internet, l'essentiel des conditions sont présentes, mais l'infrastructure technique est encore très déficiente. Le développement du téléphone est très faible au Burkina Faso. Les obstacles naturels au développement d'Internet sont :

- le très faible taux de scolarisation ;
- un programme de formation aux TIC très limité ;

- des infrastructures téléphoniques insuffisantes ;
- les coûts du matériel informatique très élevés ;
- les coûts de connexion à Internet et de la ligne de téléphone très élevés.

Ici 23 % des personnes interrogées ne sont pas d'accord avec la spéculation selon laquelle les conditions favorables au développement d'Internet ne sont pas toutes réunies. Elles trouvent que les conditions de succès du processus d'implantation d'Internet ne se situent pas tant au niveau de la scolarisation qu'à celui des moyens (infrastructures, équipements, moyens financiers). En outre, 61,5 % des personnes interrogées pensent souvent au problème de l'implantation d'Internet ; 38,4 % n'ont pas répondu à cette question.

Tout le monde s'accorde ici sur la nécessité de songer dès maintenant à concevoir et développer des contenus adaptés aux besoins des Africains, notamment des Burkinabés, mais la base technologique fait défaut et le revenu de la population est trop faible pour permettre l'acquisition des éléments nécessaires à l'accès à Internet.

De par la fonction qu'ils occupent, 61,5 % des interviewés pensent pouvoir agir pour renforcer et accélérer l'implantation d'Internet au Burkina Faso, contre 7,6 % qui ne peuvent pas agir ; 30,7 % n'ont pas répondu à la question.

RÔLE ET PERTINENCE DE L'ACTION DE L'ÉTAT

Toutes les personnes rencontrées pensent que l'État devrait faire face aux contraintes liées au manque d'infrastructures au Burkina Faso. D'autre part, des actions visant à diminuer les taxes douanières ou la TVA doivent être entreprises, comme au Sénégal et au Ghana. En fait, une action globale de l'État est nécessaire pour favoriser la promotion d'Internet. La formation est fondamentale ici, car on doit pouvoir créer des contenus locaux qui favorisent l'expertise nationale, et dans ce but des mesures d'accompagnement doivent être prises par l'État. Le développement d'Internet pourrait être organisé par secteur d'activités ; le processus serait alors plus rapide et mieux maîtrisé. Par exemple, dans le secteur de l'éducation et de la recherche, le gouvernement a été conduit, sous l'impulsion de la Délégation générale à l'informatique (DELGI) du Burkina Faso, à mener des actions pilotes telles que :

- la création d'un nœud d'accès à Internet à Ouagadougou ;
- la prise en charge des frais de mise en place et de fonctionnement pendant un an ;
- l'invitation faite aux acteurs du secteur à s'organiser sous forme associative pour prendre la relève.

Sur ce point, 53,8 % des interlocuteurs estiment que les solutions proposées pourraient avoir un impact au moins important sur le processus d'implantation d'Internet au Burkina Faso ; 46,1 % n'ont pas répondu à la question. Par ailleurs, 23 % des interviewés soutiennent que l'implantation d'Internet aura une très forte répercussion sur leurs institutions dans la mesure où celles-ci dépendent de l'État, contre 15,3 % qui prévoient une répercussion modérée ; 7,6 % ne s'attendent à aucune répercussion. On note que jusqu'à 53,8 % des personnes interrogées n'ont pas répondu à la question.

ENJEUX ÉTHIQUES RELIÉS AU POUVOIR POLITIQUE

- *Internet est une aide indispensable à l'exercice du pouvoir politique dans certains pays.*
- *Par exemple, on s'est aperçu que c'est dans les secteurs de l'administration, des douanes, des contributions et de la sécurité, qu'on a commencé à implanter les ordinateurs et les réseaux, avant que cela ne se généralise.*

INTERNET AU SERVICE DE L'EXERCICE POLITIQUE

Comme dans les réponses précédentes, les Burkinabés interrogés font preuve d'optimisme lorsqu'on leur demande si Internet constitue une aide indispensable à l'exercice du pouvoir politique dans leur pays. La plupart ne voient pas de lien direct entre le pouvoir et l'utilisation d'Internet. Au mieux, certains déclarent qu'il pourrait y avoir, par ce moyen-là, davantage de communication entre le pouvoir, les administrations et les citoyens. Le gouvernement est coupé de ses gouvernés comme l'intelligentsia est coupée de la masse. Car gouvernants et intelligentsia sont des purs produits de l'école occidentale où le Noir parle français, possède des diplômes français, mais reste africain. « *On peut même dire qu'au sein de la société africaine, il y a une ségrégation entre les lettrés (informatiquement) et les autres, comme dans le Nord entre les Noirs et les Blancs.* » Dans les deux cas, en dépit d'une indépendance déclarée, l'un « guide » l'autre, mais l'autre reste dépendant de son guide.

Sur le plan politique et non plus sociologique, « *on a aussi affaire à une société à deux vitesses* », la « société officielle » qui est numériquement infime et se trouve dans les structures et les rouages de l'État : gouvernement, associations d'intellectuels, etc., et la « société réelle » qui comprend 99 % de la population. Cette dernière évolue avec ses propres repères : elle a ses grands électeurs, ses leaders d'opinion. Elle influence quand même la société officielle, sinon on vivrait sous une dictature.

Dans un tel contexte, Internet, au lieu d'être un élément fédérateur, devient au contraire un outil de distanciation, ce qui renvoie aux réponses à la première question traitée au début de ce chapitre. Mais de l'avis de la plupart de nos interlocuteurs, les médias sont considérés comme « *relativement libres* » au Burkina Faso. Plusieurs journaux sont indépendants et un certain nombre de radios libres émettent sans connaître beaucoup de problèmes avec la censure. Certains trouvent même qu'« *il y en a trop et que c'est la cacophonie* ». Le seul contre-exemple donné par certains interlocuteurs comme l'exception qui confirme la règle est le cas de ce journaliste retrouvé brûlé vif dans sa voiture. Tous s'accordent à dire qu'il est très difficile pour quelque pouvoir que ce soit de contrôler le réseau et « *ainsi Internet donne encore plus de libertés aux autres médias. De ce point de vue, le gouvernement a montré qu'il s'engageait dans cet aspect-là de façon positive et qu'il ne semble pas avoir l'intention de faire surveiller les citoyens par le réseau.* » Ceux qui sont plus clairvoyants ou plus caustiques indiquent que, de toutes façons, pour l'instant, l'État n'en aurait pas les moyens même s'il le souhaitait.

En revanche, à l'exception des droits de douane où la législation ne semble pas évoluer aussi rapidement que la plupart des personnes interrogées le souhaiteraient, l'État a chargé l'Office national des télécommunications (ONATEL) de prendre toutes les mesures techniques pour mettre en place et gérer l'infrastructure lourde. Un autre organisme prendra en charge la téléphonie légère. Un troisième, le Centre national de télécommunications et du réseau Internet (CENATRIN), s'occupera uniquement d'Internet. Des ateliers d'information et de sensibilisation ont été mis en place et l'an 2000 a été le début de la construction d'une « *backbone* nationale » reliant cinq villes du Burkina Faso.

Certains ne voient pas d'inconvénient à ce que ce soit l'État qui prenne en charge les infrastructures même si cela constitue un monopole. Des interlocuteurs ont déclaré qu'il y avait peu de privatisations à ce niveau-là au Burkina Faso. Celles qui ont été tentées n'ont pas donné de très bons résultats et ceux-ci apparaissaient en défaveur de l'État. En revanche, les organismes publics existant et fonctionnant dans les secteurs où se trouve Internet « *se portent bien financièrement et sont compétents techniquement* ».

DE L'IMPORTANCE DE PRÉSERVER LA CONSCIENCE ÉTHIQUE DES UTILISATEURS

La possibilité pour le gouvernement d'utiliser le réseau aux fins de surveillance n'effleure pas l'esprit de la population interrogée : « *De toutes façons, il faut un minimum de réglementation et si on s'en donne une, quels critères appliquer et par qui : parfois les remèdes sont pires que le mal.* » Le mieux consiste à créer des comités d'éthique composés de personnalités triées sur le volet, toujours relativement difficiles à trouver. « *Tant que l'on peut s'en dispenser, c'est la situation la meilleure.* » En dernier ressort, les comités d'éthique pourraient fonctionner au niveau de chaque État ; au niveau mondial, il faudrait créer un observatoire : les valeurs à défendre sont, en effet, universelles. « *Au lieu de cela, la mondialisation est en train de modeler les différences nationales en une identité planétaire qui aura perdu son corps et son âme.* » L'éthique fait partie de ces préoccupations. Il faut multiplier les lieux où l'on en parle, organiser régulièrement des colloques, réunir souvent des commissions, pays par pays, et entre nations. Les résultats des travaux doivent être massivement diffusés pour que les « informatiquement alphabétisés » (et les autres) ne perdent pas leur conscience éthique.

INTERNET AU SERVICE DU GOUVERNEMENT ET DES CITOYENS

Parmi les solutions proposées pour améliorer encore davantage les bonnes relations que les citoyens burkinabés semblent entretenir avec leur État, certains prônent de profiter de l'existence d'Internet pour moderniser l'Administration. Assez rapidement, on assisterait probablement à une mobilisation sociale qui favoriserait la bonne gouvernance. « *Quels que soient les plans de développement, pour qu'ils soient mis en œuvre de façon efficace, il faut que les populations y adhèrent.* » La meilleure démarche consiste à faire en sorte que ce plan émane de la volonté de la population elle-même. Et la mystification tout autant que l'usage des nouvelles technologies de communication, et en particulier d'Internet, contribueront à **mobiliser** les acteurs autour des différents projets/programmes. Un très bon exemple est de rendre le fichier électoral complètement transparent grâce au réseau. Ce n'est qu'à ce moment-là que la population aura la certitude qu'il n'y a pas d'irrégularité. « *Pour réussir, le gouvernement doit continuer à présenter l'installation d'Internet dans tout le pays comme un processus de décentralisation et un outil de mobilisation.* »

LES ENJEUX ÉTHIQUES RELIÉS À L'ORGANISATION ÉCONOMIQUE

- *Internet favorise le développement des plus grosses entreprises nationales et multinationales.*
- *Par exemple, les premières à s'informatiser, après l'administration publique, sont les entreprises nationales qui dépendent de l'État.*

Sur cette question, 61,5 % des personnes interrogées constatent que les grosses entreprises s'approprient les premières l'outil Internet, mais ils font remarquer que c'est une question de moyens financiers. Beaucoup de PME ne sont pas encore connectées, faute de moyens. Pour les 23 % des gens qui ne sont pas d'accord avec cette spéculation, il faut faire confiance aux opérateurs privés car ils sont pragmatiques et intègrent facilement les nouvelles technologies dès qu'ils y perçoivent un profit ; 15,4 % des interlocuteurs n'ont pas fourni de réponse à cette question.

Seulement 15,4 % des personnes interrogées pensent souvent au problème de connexion des PME ; 84,5 % n'ont pas répondu à cette question. Cette situation est due aux moyens financiers et humains qui sont plus disponibles pour les grosses entreprises nationales et internationales que pour les PME. D'une manière générale, très peu d'entreprises au Burkina Faso ont un site Web.

Par ailleurs, 30,7 % des interviewés ne pensent pas pouvoir agir et n'ont pas de marge de manœuvre pour faire la promotion d'Internet au niveau des PME ; 69,2 % n'ont pas répondu.

Il faut sensibiliser les PME au fait que l'outil informatique permet une meilleure maîtrise de leur gestion. Il faudrait proposer aussi aux PME une formation à un prix raisonnable, leur indiquer les sites agroalimentaires et les inciter à se connecter à Internet. On constate que 15,4 % des personnes interrogées jugent l'impact de leurs solutions important ; 84,6 % n'ont pas répondu.

Ici 7,7 % des interviewés voient une répercussion modérée du problème de connexion des PME sur leurs institutions ; 92,3 % n'ont pas répondu à cette question.

On constate un manque d'intérêt perceptible des personnes interrogées pour cette spéculation.

CONCLUSION

Comme dans la plupart des pays africains visités, ce n'est qu'en 1997-1998 que le développement et l'appropriation d'Internet devenaient un important enjeu de société au Burkina Faso. Comme dans une grande partie des pays du Nord, en Europe notamment, on en était encore à digérer les inconvénients de l'informatisation de la société commencée en Afrique avec la décennie 1990 (voir Simon Nora et Alain Minc : *L'informatisation de la société*, Paris, La Documentation française, 1980).

Dans l'ensemble, les Burkinabés rencontrés sont très favorables au développement du réseau dans leur pays et, plus généralement, dans tout le continent. Ils considèrent que si l'Afrique est dans l'état où elle se trouve, c'est qu'elle a raté le train de l'industrialisation alors que le Nord en a profité au maximum. Même si le monde est entré dans l'ère postindustrielle, il est encore bien placé parce qu'il a exploité au maximum la période précédente. « *Si l'Afrique rate aussi le train de l'informatisation, elle ne pourra plus jamais revenir sur les rails* », nous dit-on. Un tel raisonnement implique une certaine prise de conscience, car évidemment la quasi-totalité de la population occupe tout son temps à d'autres préoccupations plus terre à terre comme la recherche et la préparation de la nourriture et la préservation d'une santé minimale. En quelque sorte, pour la grande majorité des

Burkinabés, « *l'informatique est un grand luxe et Internet une autre planète* ». Internet peut être à la fois cause et conséquence du développement d'un secteur ou d'une région : en fait, il s'agit d'un formidable outil de complémentarité déployé avec d'autres en vue d'un développement global. C'est la raison pour laquelle il faut débloquer l'accès au réseau plutôt que de penser à ériger des barrières.

Quant aux contenus, c'est surtout au Burkina Faso que les personnes interrogées insistent sur un point fondamental qui caractérise toutes les techniques, en général, et les moyens de communication en particulier : l'adéquation des contenus et des besoins. Autrement dit, comme l'ont développé de nombreux auteurs, ce n'est pas la technique qui génère des usages mais la présence de contenus intéressants pour les utilisateurs[1]. C'est en ce sens qu'une vue purement techniciste du développement du réseau aurait beaucoup moins de chance d'être positive, en Afrique comme ailleurs.

Les Burkinabés sont les plus optimistes des pays francophones visités (Côte d'Ivoire et Sénégal). Ils se rapprochent beaucoup plus des pays anglophones (Gambie et Ghana) dans leurs positions. Certains pensent que « *90 % de la population sera connectée dans les 10 prochaines années et que les 4 000 ordinateurs liés au réseau sont déjà un bon début pour un pays comme le nôtre et comparativement aux nations comparables* ».

1. Voir à ce propos Marie-Claude Vettraino-Soulard, *Les enjeux culturels d'internet*, Paris, Hachette, 1998, rééd. 2000.

CHAPITRE III

La Côte d'Ivoire

Les enjeux éthiques reliés à l'exclusion et à l'inégalité

- *Internet creuse un écart entre les individus, les organisations et les pays en ce sens que ceux qui ont déjà les connaissances et les moyens financiers en profitent plus que ceux qui n'en ont pas.*
- *On constate que l'informatiquement illettré, les groupes de non-consommateurs et les territoires sous-équipés en moyens de communication sont les exclus du réseau.*

Internet, au service des plus favorisés seulement ?

Comme dans les autres pays francophones (Burkina Faso et Sénégal) ou anglophones visités (Gambie et Ghana), la grande majorité des personnes interrogées pensent qu'Internet creuse déjà, et creusera à l'avenir, un écart entre les différentes couches de la population ivoirienne. Même si l'on est lettré, il faut une flexibilité forte pour utiliser le réseau : certaines personnes, bien que très intelligentes, « ne s'y mettent pas ». Le premier fossé sera creusé entre les jeunes et les plus âgés. Les jeunes « ont mordu » beaucoup plus rapidement à l'informatique que les autres. Beaucoup d'entre eux perçoivent l'écran avant tout comme un terminal de jeu. D'ailleurs beaucoup d'ordinateurs sont utilisés pour faire tourner ce type de logiciels. Sur Internet, c'est la même chose, même si les parents pensent que leur progéniture cherche la résolution d'un problème de mathématiques ou des formules chimiques... « *Mais au point où nous en sommes, tous les moyens pour parvenir à la pratique d'Internet sont bons.* » Si Internet déverse ses contenus et impose volontairement (intention lors de la création des programmes) ou involontairement (on reproduit tout naturellement ses modes de vie) ses standards, « tant pis », avancent certaines personnes, d'autres moyens d'information et de communication l'ont fait auparavant !

Mais Internet peut aussi rétablir des « égalités » au sein des populations africaines. Dans la vie courante actuelle, la nature de l'information transmise varie selon l'interlocuteur auquel on s'adresse. Cela dépasse la notion de style des Occidentaux. L'élève, par exemple, ne s'adressera pas encore tout à fait à son professeur comme à son copain, il emploiera un style plus « enveloppé », car il y a toujours une arrière-pensée de notation entre l'élève et l'enseignant. Dans les sociétés africaines, il s'agit du contenu proprement dit de la communication – en plus du style évidement – qui se trouve là en cause. On ne dit pas la même chose à son père, à son oncle ou à son grand frère qu'à son épouse ou à sa fille. Avec Internet, tous ces rituels tombent puisque c'est par essence le réseau du partage et de la non-hiérarchisation. De plus, les dialogues et les échanges peuvent être continus, jour et nuit, dans les forums de discussion.

INTERNET, SEULEMENT POUR LES PLUS FAVORISÉS ?

Même les personnes qui ont déclaré considérer qu'Internet induira des inégalités au sein des populations avouent qu'elles y pensent sans qu'il s'agisse pour autant, pour elles, d'une idée obsessionnelle. Il y a toujours des temps de latence pendant lesquels les phénomènes se déploient, c'est le cas d'Internet actuellement ; « *il faut donc attendre que ça passe* », et dans tous les faits sociaux il y a les laissés pour compte : il s'agit donc d'une situation « *logique* », « *naturelle* », « *incontournable* » : en fait chacun exprime la même idée avec le qualificatif de son choix ! De toutes façons, pour tout le monde, il s'agit d'un phénomène irréversible et il serait vain de s'y opposer. « *Dans le pire des cas, mieux vaut faire bon cœur contre mauvaise fortune.* »

Mais dans l'ensemble on insiste surtout sur les aspects positifs, et comme dans les autres pays visités tout le monde a un parent à la ville ou expatrié : le téléphone portable et Internet ont complètement changé la vie. Dans ces cas le réseau favorise le maintien d'une certaine culture traditionnelle : celle du lien entre les familles. C'est le cas des membres de la famille qui sont partis en ville ou à l'étranger pour travailler. Beaucoup de personnes nous ont donné d'autres exemples de diaspora qui garde « *un contact étroit et fréquent* », ce qu'aucun autre moyen de communication n'a permis jusqu'alors à si faible coût.

Internet, s'en réjouir ou le déplorer ?

Les raisons particulières qui justifient les réponses sont de plusieurs ordres. Chacun a ses propres motivations de se réjouir ou, au contraire, de déplorer le développement d'Internet : le prestataire de services qui, en général, vient d'arriver sur le marché est pleinement satisfait car il sait qu'il aura du travail pour longtemps dans ce nouveau créneau. Les motivations sont différentes pour l'enseignant par exemple, car il est le premier à percevoir les avantages et les inconvénients du réseau pour les jeunes dont il a la charge ; le pédophile, lui, a toutes les raisons de se réjouir car il n'a jamais eu d'aussi bonnes conditions pour visualiser les contenus qui l'intéressent avec « un choix » qui couvre la planète.

En ce sens, Internet se présente comme tous les autres moyens de communication qui l'ont précédé et comme tout fait sociotechnique : « *il y a ceux qui rient et ceux qui pleurent* ». Ajoutons que ces positions sont celles d'un début de phénomène : à la fois les enthousiasmes du commencement et les craintes de la nouveauté. Lorsque le réseau sera répandu et qu'il se sera banalisé, les réponses seront sans doute différentes.

Possibilités d'intervention en faveur d'Internet

Selon une certaine logique, ce sont les personnes travaillant dans le secteur public, y compris la Haute Administration, qui déclarent disposer de peu de marge de manœuvre pour influer sur les décisions qui permettraient le développement d'Internet. Au contraire, tous nos informateurs travaillant dans le secteur privé déclarent faire tout ce qui est en leur pouvoir pour le favoriser. Les autres personnes qui partagent ce point de vue sont des enseignants ou bien travaillent dans la formation ou dans les associations.

Moyens d'action envisagés pour diminuer les écarts d'utilisation

Les solutions que l'on peut envisager sont de plusieurs ordres. Il y a d'abord, comme ailleurs, la mise en place d'infrastructures de première nécessité comme l'électricité et le téléphone. La distribution d'électricité conditionne un grand nombre d'activités dans de nombreux domaines tels que la santé, l'artisanat et les conditions de vie « de tous les jours ». L'électricité s'avère, en tous cas, indispensable pour rendre opérationnels les ordinateurs et leur assurer des conditions de fonctionnement adéquats (climatisation, tension régulière, etc.). Quant au téléphone, outre son utilité « en soi », il constitue le support essentiel du réseau, la diffusion par câble étant encore plus rare et plus sophistiquée.

Il faut simultanément combattre l'analphabétisme. Il s'agit d'une lutte fondamentale pour le développement, comme la plupart de nos interlocuteurs nous l'ont déclaré dans tous les pays visités. Rappelons qu'il s'agit d'un combat permanent et que la vigilance ne doit pas baisser, y compris dans les pays développés. C'est ainsi que dans un article intitulé « *Le bilan controversé de vingt ans d'illettrisme* » (*Le Monde*, supplément *Le Monde Économie*, 29 août 2000), un rapport de 1984 (Antoine Lion et Véronique Espérandieu, *Des illettrés en France*, Paris, la Documentation française, 1984) estimait à cinq millions le nombre d'illettrés en France. Dans un autre rapport paru en 1999 (Marie-Thérèse Geffroy, *Lutter contre l'illettrisme*, Paris, la Documentation française, 1999), on dénombre encore 2,3 millions d'adultes illettrés et l'on a du mal a évaluer le nombre d'enfants. C'est probablement ce qui a fait dire à Jacques Chirac dans une interview télévisée du 14 juillet 2000 que « *depuis cinquante ans, l'illettrisme n'a pas baissé en France* ».

Il y a les solutions prônées par l'UNESCO depuis que cette organisation existe et surtout depuis qu'elle a mis en place le Nouvel ordre mondial de l'information et de la communication (NOMIC) et le Programme international pour le développement de la communication (PIDC). En cette période charnière de fin de millénaire, l'organisation a émis un grand nombre de programmes « fin de siècle », notamment dans le domaine de la communication. Il n'y a pas de lien direct entre Internet et l'an 2000, mais le réseau contribue à bousculer une période déjà mouvementée qui doit digérer des symboles très forts. Dans le cadre de la Francophonie, de nombreux projets sont prévus aussi pour le développement d'Internet surtout depuis le Sommet de Hanoi, ce qui permettra de prendre une part active dans les inforoutes de l'information. Au niveau politico-administratif, des organismes étatiques ont déjà été mis en place dans plusieurs volets de ce domaine. C'est le cas par exemple de la création du Conseil national des autoroutes de l'information (CNAI).

Les ONG jouent aussi un rôle très important. On voit bien l'évolution des préoccupations dans le secteur des médias électroniques de communication. Là encore on a suivi l'évolution des techniques. Il y a ainsi beaucoup plus de projets qu'on en comptait dans la décennie précédente avec les plans 1988-1992. Par ailleurs, un plus grand nombre d'ONG s'intéressent à ces problèmes. Selon certains, on en dénombre cinq fois plus depuis 1988 que pendant la période 1916-1988.

L'accent doit être mis sur le développement d'Internet en veillant simultanément à la préservation des cultures locales. De ce point de vue, le réseau introduit un grand chambardement. Internet véhicule en effet une culture de l'écrit alors que les sociétés africaines sont traditionnellement des cultures de l'oral. Une des solutions pourrait consister à créer de façon spécifique des logiciels d'utilisation vocale particulièrement destinés aux populations des communautés rurales.

Une autre caractéristique du réseau qui bouscule sérieusement les mentalités, c'est la représentation du temps et de l'espace. Inventé par les Occidentaux, Internet est plus facile à maîtriser par ces derniers parce que leurs repères sont moins mis à mal que ceux de la société africaine. Mais la structure de la société africaine peut indirectement favoriser le développement du réseau. Dès qu'un membre d'une famille vit dans la capitale ou dans une ville, les autres membres peuvent venir chez lui. Il s'agit là d'une bonne opportunité pour celui qui est destiné au travail des champs de changer complètement de voie... et de se mettre à Internet chez son proche en ville ou à côté de chez lui. Ces considérations laissent à penser que l'exode rural est à peine ébauché et que pour cette raison on n'en connaît pas encore tous les inconvénients à long terme.

Plus pragmatiquement, les solutions dépendent des priorités qui seront choisies pour développer le réseau. L'État devrait privatiser le monopole du téléphone et des télécommunications, encourager les opérateurs privés à professionnaliser leurs structures, éviter les « télécentres sauvages », consacrer une partie plus importante du budget à l'acquisition des nouvelles techniques d'information et de communication. Les élèves et les étudiants doivent être « servis » les premiers. Dans les écoles, le développement d'Internet s'effectue dans le cadre du Programme d'appui au secteur éducation et formation (PASEF) créé à cet effet. L'Administration a voulu montrer le bon exemple. Et, une fois n'est pas coutume, la plupart des pays africains ont le même point de vue sur le développement d'Internet. C'est la raison pour laquelle au cours de la dernière réunion de l'Organisation de la fonction publique africaine (OFPA), à Cotonou, il y a eu consensus et harmonisation des mesures à entreprendre. Cela est incontestablement facilité par l'absence de barrière linguistique : c'est un avantage de la zone francophone.

Sur le terrain, il faut développer tout ce qui est bénéfique au réseau et à moindre coût. Il faut donc multiplier les cybercafés – et lutter contre les cybercafés « sauvages » –, les télécentres, les centres de communication communautaires. Plus Internet se développera, plus il faudra étudier le paiement utilisation au forfait plutôt qu'au temps passé. Le gouvernement devrait imposer qu'il y ait un centre Internet au moins dans chaque commune de la Côte d'Ivoire et que les ordinateurs soient tous connectés dans les centres de lecture et d'animation culturelle (CLAC). Il conviendrait aussi d'augmenter les informations sur les médias locaux : presse, radio, télévision, organiser de nombreuses foires et multiplier les salons.

Dans tout le pays, des campagnes d'information et de sensibilisation devraient être menées : il faut aussi veiller à ce que la perception de l'ordinateur et du réseau ne soit pas négative, car en affichant nos craintes, on risque de dissuader certains de les utiliser. Internet peut d'ailleurs être utile pour vulgariser l'informatique. Bien des personnes étaient réticentes à l'achat d'un ordinateur, mais elles ont changé d'avis dès qu'elles ont entendu tout ce que permettait le réseau : « *c'est plutôt dans ce sens là qu'il faut aller* ». Même s'il est vrai que « l'on s'y met » mieux et plus vite lorsque l'on saisit la logique du système, il faut bien faire comprendre que l'on n'est pas obligé d'être informaticien pour utiliser le réseau. Il convient de démystifier l'ordinateur et le réseau plutôt que de mettre l'accent sur les difficultés et décourager ainsi un trop grand nombre d'utilisateurs potentiels.

IMPACT DES SOLUTIONS PROPOSÉES

Toutes ces suggestions devraient avoir un impact certain sur le développement d'Internet. Les plus grosses difficultés se trouvent probablement du côté des agriculteurs et l'on sait que la paysannerie constitue une partie très importante de la population. Les personnes interrogées hésitent d'ailleurs dans les priorités « de classes » où les tentatives de développer le réseau doivent être les plus fortes. Les deux catégories qui reviennent le plus souvent sont les jeunes écoliers et étudiants et le monde paysan. Rien n'est évidemment comparable : les uns sont regroupés dans les écoles, instituts et universités, les autres sont disséminés dans tout le pays. Les difficultés devraient être beaucoup moindres avec les premiers. La nature des besoins varie aussi totalement d'une classe à l'autre. « *L'idéal serait évidemment de mener les deux de front...* »

LA LIBERTÉ D'EXPRESSION DU WEB REDOUTÉE

De nombreuses personnes craignent le développement d'Internet, dans le milieu politique notamment, car le réseau contient en lui des germes de liberté totale et donc de libération politique. C'est la raison pour laquelle on évoque surtout des raisons économiques pour expliquer la lenteur du développement du réseau, mais, en fait, se trouve à la base la crainte d'une possibilité de déstabilisation. Comme on dit « *traditionnellement, les idées ont des jambes, avec Internet elles ont des ailes* ». Pour ces mêmes raisons la mondialisation fait peur : non seulement à cause de la finance, mais aussi à cause des idées progressistes qu'elle véhicule. De tous temps les médias ont contribué à diffuser des « nouvelles idées », c'est pour cela qu'on les a toujours redoutés.

LES ENJEUX ÉTHIQUES RELIÉS À LA DIMENSION CULTURELLE (CONTENUS VÉHICULÉS PAR INTERNET)

- *Internet favorise l'intrusion de contenus qui viennent principalement des pays développés dans les pays en développement.*
- *Par exemple, Internet représenterait une porte ouverte à la pornographie.*

DE L'HÉGÉMONIE MÉDIATIQUE ET CULTURELLE DU NORD

Comme nos interlocuteurs des autres pays, la majorité des Ivoiriens rencontrés acceptent une part de responsabilités dans le fait que la plupart des contenus trouvés sur Internet proviennent des pays du Nord. Certains déclarent : « *sur le plan technique, nous sommes bloqués, mais sur le plan culturel, nous sommes capables* ». Pour d'autres, le fait que le Sud se trouve davantage consommateur que producteur ne justifie pas que le Nord n'ait pas fait appel au Sud pour réaliser des programmes qui le concernent. « *Il faudrait maintenant réagir, ce qui est d'ailleurs le cas puisque les contenus produits par le Sud ne cessent d'augmenter.* »

DU DÉVELOPPEMENT NATUREL D'INTERNET ET DE SES CONSÉQUENCES

La population interrogée pense relativement souvent à ce genre de problème, mais là encore, sans que ce soit une obsession, « *car tout se développera comme il se doit* », nous dit-on de façon très fataliste. Le meilleur exemple est de considérer les programmes de télévision. Si l'on se souvient des années 1960, on peut y retrouver mot pour mot ce qui est dit aujourd'hui. Tous les « plans sur la comète » n'ont servi à rien. Les programmes sont devenus mondiaux, c'est-à-dire à forte coloration américaine, et l'« *on a « construit » leur consommation* » au fur et à mesure du développement de la télévision et de l'évolution de la programmation. À chaque étape, une réglementation à été faite dans la plupart des pays selon leur sensibilité : il y a maintenant une censure contre le sexe et des codages pour ce qui concerne la violence, surtout en direction des enfants. « *On sait bien que l'autorégulation est un vœu pieux car l'homme est l'homme et cela ne sert à rien de « crier »* a priori, *la position la plus réaliste consiste à rectifier le tir,* a posteriori, *chaque fois qu'une valeur est menacée.* » D'ailleurs, les positions décidées *a priori* ne sont souvent pas tenables car les choses n'évoluent pas comme on le prévoit, ou si c'est le cas, comme il s'agit d'une onde de choc internationale, on ne peut pas l'éviter. Le problème est de trouver le juste milieu, « *la juste voie qui ne fasse pas hurler les uns à la censure et les autres au laxisme* ». C'est la raison pour laquelle dire qu'Internet ne se développera pas en Afrique comme ailleurs est irréaliste, « *car même si les* a priori *et les conditions culturelles de base du Nord sont différents de ceux du Sud, on voit bien que cela se passe dans nos pays exactement comme en Occident, notamment au niveau justement de la consommation des contenus...* »

MOYENS DE RÉGULARISATION PROPOSÉS

« *Ce qui manque le plus aux Africains, c'est le sens de l'organisation.* » C'est ainsi que certains interlocuteurs expliquent la lenteur avec laquelle les décisions sont prises dans la plupart des pays du continent quant à la possibilité de s'allier pour une économie d'infrastructures et de moyens : « *3/4 ou 9/10 de ce que nous subissons est dû à notre manque de dynamisme* ». Contrairement à ce que l'on dit de l'âme africaine, on observe peu de solidarité entre les pays. « *Pourtant nous sommes condamnés à nous unir* » et nous avons de la chance de ne pas rencontrer de problème linguistique dans cette entreprise, comme c'est le cas en Europe par exemple. Mais cet exemple prouve que même si le chemin est pavé d'embûches, si l'on a la volonté, on en voit le bout.

En Afrique, il y a des tentatives au niveau institutionnel qui ont abouti, comme par exemple la création du Centre africain pour les technologies d'information et de communication (CAFTIC), qui, comme son nom l'indique, vise à unir l'ensemble des pays africains. Au sein de chaque pays, une stratégie plus économique pourrait permettre de considérer Internet comme un lien possible entre les différents secteurs. Si on le développe, le réseau pourra servir à la formation à distance, mais aussi en télémédecine, non seulement dans le pays même, qui en a bien besoin, mais en relation avec les pays étrangers. Si l'on ajoute ses utilisations commerciales, ce réseau pourrait trouver l'équilibre budgétaire plutôt que d'être exclusivement une source de dépenses. Ce serait l'application de l'un des principes de la bonne gouvernance que d'« ouvrir » le réseau à tous types d'applications. Il faut aussi « ouvrir » le réseau à tous types de contenus et abolir toutes les censures. On a bien vu que chaque fois qu'un pays a dû supporter le joug de la censure, profane et religieuse, les classes dirigeantes ont bâillonné la science, la connaissance et les arts, bref, tout ce qui fait avancer l'Humanité. Ce phénomène a été extrêmement dommageable à tous les hommes, car la seule mondialisation qui vaille est celle de la culture. Marshall McLuhan avait raison de parler de « village planétaire » si cela signifie que l'on puisse, de n'importe quel endroit de la planète, accéder à toute la connaissance déjà formalisée. La mondialisation est positive si elle sert à faire partager le patrimoine de l'Humanité.

Devant cette banque de données mondiale qu'est Internet, l'Afrique s'est surtout contentée de « cueillir » : on évalue à 10 % environ le nombre de sites créés en Afrique. « *C'est ainsi que l'on peut peut-être expliquer l'absence de prix Nobel dans notre continent : quelques prix de littérature (Maryse Condé, Léopold Sédar Senghor, Nadine Gardiner...) et les prix Nobel de la paix (Nelson Mandela et Desmond Toutou).* » L'Afrique, manquant encore de connaissances techniques, devrait favoriser des actions de partenariat avec l'Occident pour obtenir « la matière première », ses informations et ses connaissances, c'est-à-dire « le contenu proprement dit », et le mettre en forme techniquement avec les pays du Nord. « *Après une certaine période d'apprentissage et d'expérimentation les consommateurs deviendraient eux aussi producteurs à part entière.* »

Là encore, le cybercafé et tout ce qui favorise l'utilisation collective du réseau est perçu comme un élément favorable, car cela met à nouveau un peu d'humanité dans les relations entre l'homme et sa machine. Au café ou au télécentre, ceux qui parlent ou demandent des renseignements brisent le lien qui enchaîne le solitaire à son écran : c'est extrêmement positif à la fois pour apprendre, pour informer les autres et pour ne pas se couper du monde réel : « *Or Internet menace un peu ces valeurs.* »

LES ENJEUX ÉTHIQUES RELIÉS AUX COÛTS ET AU FINANCEMENT D'INTERNET

- *Internet est un outil complexe qui nécessite de gros investissements financiers. Même si l'importance de l'infrastructure en communication est maintenant reconnue, la concurrence est grande avec les autres priorités d'investissement (hôpitaux, routes...).*
- *On peut considérer que l'intégration d'Internet renforce l'endettement des pays en développement à cause de ses coûts élevés et du fait que la plus grande partie des équipements soit achetée en devises étrangères ($ ou FF).*

Un seul interviewé a trouvé ces spéculations justes. Sa justification est que l'informatique n'est pas le premier choix en Côte d'Ivoire. L'État ivoirien préfère investir dans la santé, l'éducation, dans les coopératives de femmes. Il est préférable d'investir dans les zones rurales pour limiter l'exode des enfants de la rue. Pour cette personne, Internet renforce l'endettement de son pays, la Côte d'Ivoire, car le matériel coûte très cher. Par exemple, un ordinateur qui coûte 1 000 000 F CFA (environ 2 000 $ ou 10 000 FF) dans les pays du Nord revient à 2 000 000 F CFA (environ 4 000 $ ou 20 000 FF) en Côte d'Ivoire, soit le double.

En revanche, 86,6 % des personnes interrogées trouvent qu'Internet n'entre pas en concurrence avec les autres priorités d'investissement du pays, car, selon elles, Internet est un complément à tous les autres secteurs (la santé, l'éducation, etc.). Par ailleurs, 20 % des personnes interrogées pensent souvent à cette question de la concurrence entre Internet et les autres priorités d'investissement, 6,6 % y pensent rarement, 40 % n'y pensent jamais et 26,6 % n'ont pas fourni de réponse.

Investir ou pas dans Internet

Comme justification, certaines personnes pensent que, sur le plan de la recherche, Internet va relever l'image de l'étudiant ivoirien en particulier et africain en général en le mettant en position de compétition. Internet est un raccourci pour le développement (recherche effectuée sur place, gain sur les bourses, etc.). Internet permet aussi d'accéder au savoir ; or, la maîtrise du savoir est un facteur réducteur de dépenses. Il y aura moins de sorties de devises parce que moins d'experts internationaux seront utilisés. Internet peut certes exiger au départ beaucoup d'investissements et de charges, mais dans un second temps une valeur ajoutée et des bénéfices pourront être obtenus, lesquels bénéfices peuvent être utilisés pour favoriser le développement des PME du pays, par exemple. Il n'y a donc pas de surcoût énorme lié à Internet. C'est un outil qui vient appuyer les autres secteurs. Pour faciliter l'accès à cette technologie, toutes les personnes interrogées proposent la mise en place d'une politique qui fasse diminuer les coûts du matériel informatique, des communications téléphoniques et de l'accès à Internet.

Moyens d'action proposés pour le développement d'Internet

Pour vulgariser Internet, certaines personnes disent qu'il faut créer des salons sur le réseau et inviter les gens à les visiter. L'État doit rendre l'accès à Internet gratuit et faire diminuer les coûts de tout ce qui est lié à cette nouvelle technologie (ordinateur, imprimante, téléphone, etc.). Actuellement, pour une liaison permanente, il faut payer entre 30 000 à 40 000 F CFA (environ 60 à 80 $ ou 300 à 400 FF) par mois, sans oublier le coût des communications téléphoniques. Les personnes interrogées pensent que l'État peut également solliciter l'aide internationale pour multiplier les infrastructures (électricité, téléphone, ordinateurs...) et les mettre à la disposition des citoyens. De plus, l'État pourrait créer un fonds de développement d'Internet pour assurer, entre autres, la formation d'ingénieurs locaux capables de fabriquer des ordinateurs et de créer des sites Web avec des contenus nationaux. Cette situation pose donc des conditions au succès de l'implantation d'Internet, notamment en ce qui concerne :

- le coût du matériel ;
- le coût de la liaison (fournisseurs d'accès) ;
- la concentration d'Internet dans le pays (seulement à Abidjan, Bouaké, Yamoussoukro...) ;
- la liaison avec les régions excentrées.

En règle générale, Internet est un outil qui est très inégalement réparti actuellement en Côte d'Ivoire.

QUELQUES CHIFFRES

Ici 20 % des personnes interrogées disent pouvoir agir et pensent avoir une marge de manœuvre pour encourager la vulgarisation d'Internet ; 20 % également ne peuvent pas agir en raison de leur position et 53,3 % n'ont pas répondu à cette question. On trouve 26,6 % des gens rencontrés qui pensent que les solutions qu'ils proposent auront un impact important sur le processus de vulgarisation d'Internet ; 6,6 % pensent que cet impact sera très important, 6,6 % qu'il sera faible et 53,3 % n'ont pas répondu à cette question. Par ailleurs, 20 % des personnes interrogées pensent que la répartition budgétaire a une très forte répercussion sur leurs institutions, 13,1 % une répercussion modérée, 6,6 % une faible répercussion et 6,6 % pensent qu'il n'y a aucune répercussion. Enfin, 46,6 % n'ont pas répondu à cette question.

Devant ces chiffres, on a l'impression qu'Internet est l'outil de l'intelligentsia. Par le biais d'un projet de la francophonie, l'Université d'Abidjan semble bien dotée de l'équipement informatique nécessaire. On ne sent pas l'engouement plus général que nous avons vu à Dakar par exemple. Il est bon de signaler que nous n'avons pu obtenir des informations fiables sur les statistiques concernant Internet, car nous n'avons pas réussi à rejoindre les personnes-ressources adéquates.

Les enjeux éthiques reliés à l'implantation sociotechnique d'Internet (résistances, usages)

- *L'implantation d'Internet au pays n'est pas chose facile parce que toutes les conditions (scolarisation, identification des besoins...) ne sont pas toujours réunies.*
- *On dit souvent à ce sujet, par exemple, que le Nord transfère ses technologies vers le Sud pour des raisons pécuniaires, pas nécessairement parce qu'il y a un réel besoin.*

Quelle priorité pour Internet ?

Sur cette question, 46,6 % des personnes interrogées reconnaissent le bien-fondé de la spéculation. Pour illustrer leur propos, certaines personnes ont pris le cas de l'introduction de l'enseignement télévisuel dans les programmes d'enseignement primaire en Côte d'Ivoire. Un grand nombre de téléviseurs avaient été importés pour en doter les écoles. Mais cette opération cachait davantage un intérêt commercial qu'elle ne répondait aux besoins de transfert de technologie. Il en est résulté un échec qui a mené à l'abandon du projet. D'autres conviennent que les populations du Sud ne sont pas encore préparées aux nouvelles technologies de l'information et de la communication (NTIC). Internet reste encore un outil pour l'élite, d'où son utilisation massive dans les structures étatiques, universitaires et dans les grosses entreprises privées. Néanmoins, 53,3 % ne sont pas d'accord avec la spéculation, car pour eux cette technique s'impose au Sud. Il ne faut donc pas attendre que les conditions soient remplies pour adopter Internet. Il faut agir dès maintenant car c'est un outil utile pour le développement futur du pays.

Parmi les raisons évoquées pour justifier soit leur adhésion soit leur désaccord avec la spéculation, certains retiendront les aspects d'Internet généralement considérés comme positifs, par exemple l'optimisation du budget ou la fluidité de la communication par téléphone. D'autres évoquent plutôt le manque de préparation des pays africains à l'utilisation d'Internet ou le problème de la sous-traitance dans la matière de commercialisation des produits liés à Internet. On remarque que les pays en voie de développement sont essentiellement des sociétés de consommation.

À cette spéculation 33,3 % des personnes interrogées n'ont pas répondu, tandis que le même pourcentage ne pensent jamais à cet aspect de l'implantation d'Internet ; 6,6 % pensent quelquefois à cet aspect et 26 % y pensent souvent, ce qui fait dire que le sujet abordé par la question reste tout de même préoccupant.

En ce qui a trait aux moyens d'action pour réunir les conditions d'implantation d'Internet, 40 % des interviewés n'ont apporté aucune réponse, 6,65 % ont répondu qu'ils ne pouvaient agir, tandis que 53,3 % se sont exprimés positivement et pensent qu'ils peuvent agir sur les conditions d'implantation d'Internet dans leur pays.

SOLUTIONS PROPOSÉES ET MISE EN ŒUVRE

Internet est très utile. Donc les gens demandent que l'État effectue une plus grande sensibilisation des populations et fasse ressortir les profits et les bienfaits qu'Internet peut procurer. Les entreprises aussi ont un grand rôle civique à jouer en ce sens et peuvent servir de relais à l'État. En un mot, il faut accentuer les efforts dans la formation à tous les niveaux, mais par étapes. Par exemple, ce serait utopique de penser connecter à Internet l'ensemble de la population ivoirienne (Internet dans tous les villages...). Il faut dans un premier temps penser aux cadres, aux étudiants et à la frange nantie de la population dans les villes. Dans un deuxième temps, on peut penser à la population en général, mais les mairies, les associations de jeunes, les associations de femmes doivent cependant être connectées en priorité. D'autres voix proposent que l'État mette en œuvre des programmes pour que dans les écoles les enfants aient accès à l'ordinateur et soient initiés à l'utilisation d'Internet.

RÉPERCUSSIONS

Ici 53,3 % des interviewés pensent que leurs solutions auront un impact plus ou moins important sur le processus d'implantation d'Internet en Côte d'Ivoire ; seulement 6,6 % prévoient un impact très important, 13,3 % une répercussion modérée, 6,6 % aucune répercussion ; nombreux sont ceux qui n'ont pas répondu à la question.

Les enjeux éthiques reliés au pouvoir politique

- *Internet est une aide indispensable pour l'exercice du pouvoir politique dans certains pays.*
- *Par exemple, on s'est aperçu que c'est dans l'administration, les douanes, les contributions, la sécurité, qu'on a commencé à implanter les ordinateurs et les réseaux, avant que cela ne se généralise.*

Internet, un autre moyen de surveillance ?

À l'inverse de ce que nous avons entendu dans les autres pays visités, les Ivoiriens interrogés sont plus sensibles au fait qu'Internet pourrait être utilisé par le pouvoir à des fins de surveillance. Et d'ailleurs, de ce point de vue, Internet correspond tout à fait à l'une des caractéristiques de l'organisation de la société africaine : elle est fondée sur une structure en réseau. « *C'est ainsi que le Réseau « pourrait mettre son nez » dans les autres... réseaux !* », nous dit-on avec un humour grinçant. On revient alors au rapport de force qui existe dans toutes les sociétés entre la population et le pouvoir. Mais ce même réseau pourrait brouiller les pistes car Internet se présente vraiment comme le champion de la décentralisation et de l'éphémère : c'est la raison pour laquelle tant de sites illégaux peuvent naître, mourir et renaître sous d'autres formes, constamment. Le pouvoir rencontrera donc beaucoup de difficultés s'il veut se servir d'Internet pour surveiller son peuple. L'expérience des autres moyens de communication est d'ailleurs significative : « *La radio et la télévision nationales sont suivies surtout par ceux qui n'ont pas le choix*[1]. » Ceux qui le peuvent écoutent beaucoup la BBC ou RFI ; c'est donc que les nouvelles sont filtrées et que l'autocensure prévient la censure directe ou déguisée. D'autres confirment que les « *radios privées sont plus libres mais que les chaînes nationales fonctionnent comme ailleurs* ». Internet peut donc bénéficier

1. Notons que les enquêtes ont eu lieu en novembre 1999 avant le coup d'État militaire de décembre.

de la liberté d'expression des autres moyens de communication, car il ne sert à rien de censurer d'un côté en sachant qu'on peut trouver les informations interdites ailleurs. Il faut dire que jusqu'à l'arrivée d'Internet on n'avait pas accès aussi rapidement et aussi massivement à tous les points de vue. Toutes les opinions circulent sur le réseau puisque tout le monde peut dire ce qu'il pense, d'où qu'il soit.

Mais Internet contient aussi une bonne dose de propagande dans tous les domaines : terrorisme, nihilisme, négationnisme, etc. « *Au niveau politique, Internet peut donc favoriser une transparence totale et une bonne gouvernance.* » Dans ce contexte il est donc plus difficile de conserver les masses infantilisées. L'expérience nous apprend d'ailleurs que le réseau favorise plutôt la démocratie puisque les premiers journaux de la Côte d'Ivoire diffusée sur le réseau appartiennent à la presse d'opposition. « *Pour l'instant, l'État étant très en retard quant à l'utilisation d'Internet, on se situe donc dans un environnement très libéral.* » De toutes façons, cela peut être une bonne stratégie pour les pouvoirs quels qu'ils soient de privatiser ou d'accepter la privatisation de tous les groupes de presse qui dérangent, que leur support d'expression soit un journal, une station de radio ou une chaîne de télévision, et de garder des émetteurs nationaux pour faire passer les messages « politiquement corrects ». « *Ainsi gagne-t-on sur tous les tableaux : faire passer sa propre propagande et simultanément donner l'impression dans son pays et au monde que l'on est libéral.* »

L'ÉTAT ET INTERNET, AU SERVICE DE QUOI ?

Les personnes interrogées qui se montrent particulièrement attentives à l'utilisation que le pouvoir pourrait faire d'Internet y pensent relativement souvent, chaque fois qu'un fait politique vient le rappeler dans l'actualité. Elles sont bien conscientes que « *qui détient l'information, détient le pouvoir* ». Cela conduit à des réflexions sur la déontologie des médias et l'éthique des hommes politiques... Certaines personnes sont d'avis que le pouvoir n'utilise même pas Internet autant qu'il le pourrait dans l'intérêt des citoyens. Internet pourrait servir, par exemple, à retransmettre les débats sur les lois importantes, les discussions concernant la détermination des budgets ou certaines décisions administratives. Ce pourrait être une aide pour les prises de décision locales. Internet serait un merveilleux outil de décentralisation de l'information et des décisions administratives. Il y a bien une ébauche de ce genre d'utilisation : il s'agit du SIAL, le Système d'informations administratives en ligne (SIAL). Les décisions arriveraient plus rapidement dans les provinces et le réseau participerait à une certaine éducation « permanente » de la population dans la mesure où celle-ci comprendrait les difficultés du pouvoir. « *Elle se rendrait compte que le « y'a qu'à » n'aboutit pas à grand-chose et qu'une prise de décision est toujours complexe.* »

DE L'IMPORTANCE DE LA RÉGLEMENTATION ET DE SES CONSÉQUENCES

Parmi les solutions envisagées pour s'assurer que le pouvoir ne puisse utiliser Internet comme un moyen de surveillance se trouve la nécessité de réglementer. Nous déduisons des réponses précédentes que les Ivoiriens sont majoritairement contre toute forme de contrôle. En revanche, ils préconisent une législation qui préserve les libertés individuelles et la liberté de communication, même si elles sont garanties par la constitution, un excellent exemple des détournements possibles étant les écoutes téléphoniques. Selon eux, une telle législation n'a rien à voir avec la censure, mais « *trop de liberté tue la liberté, il faut donc définir des règles qui assurent à chacun de pouvoir jouir pleinement de ses libertés individuelles garanties par la constitution* ». Un Observatoire de la démocratie pourrait se pencher sur tous ces problèmes, même s'ils sont traités aussi par les instances responsables particulièrement des moyens de communication.

LES ENJEUX ÉTHIQUES RELIÉS À L'ORGANISATION ÉCONOMIQUE

- *Internet favorise le développement de plus grosses entreprises nationales et multinationales.*
- *Par exemple, les premières à s'informatiser, après l'administration publique, sont les entreprises nationales qui dépendent de l'État.*

Concernant cette spéculation, 40 % des gens interrogés trouvent que ce n'est pas exact que les entreprises qui dépendent de l'État furent les premières à s'informatiser. Mais cette réponse négative n'est accompagnée d'aucune raison ou justification. Par contre, 53,3 % approuvent la spéculation. Ces derniers soutiennent qu'en effet ce sont l'administration et les multinationales qui ont adopté Internet en premier, car les gains de productivité sont plus sensibles. Internet reste le potentiel de développement des PME, structurellement ; 6,6 % n'ont pas répondu à la question ; 40 % des personnes interrogées pensent souvent au cas des grosses entreprises multinationales ou nationales qui sont favorisées au détriment des PME ; 13,3 % y pensent quelquefois ; 6,6 % pensent rarement à ce phénomène ; 40 % n'ont pas fourni de réponse.

On constate qu'il y a tout un réseau de PME qui sont prêtes à investir, chacune dans son secteur d'activité. On remarque qu'au niveau de la part du marché, Internet favorise les multinationales. Mais une PME connectée sur Internet peut accroître son efficacité et sa rentabilité.

Par ailleurs, 6,6 % des personnes interrogées pensent pouvoir agir pour favoriser le développement d'Internet dans les PME ; 20 % estiment ne pas pouvoir agir. On enregistre jusqu'à 73,3 % de personnes qui n'ont pas donné de réponse à cette question. Cela traduit un désintérêt pour la question ou la difficulté d'y répondre.

Beaucoup de gens pensent qu'il faudrait mener une campagne de sensibilisation aux avantages liés à Internet auprès des PME. Il s'agirait de faire ressortir que cette technologie constitue un important investissement au départ, mais qu'ensuite elle peut contribuer à augmenter la marge bénéficiaire. Il faudrait, de plus, mener une politique qui incite à la baisse des taxes. Une autre idée serait que les PME se regroupent pour se doter de l'outil Internet : cela pourrait réduire les charges d'acquisition et d'installation. On pourrait aussi faciliter l'utilisation d'Internet par les producteurs ivoiriens afin de promouvoir leurs produits agricoles.

CONCLUSION

Des pays africains visités, francophones (Burkina Faso et Sénégal) ou anglophones (Gambie et Ghana), la Côte d'Ivoire semble celui où Internet est le plus développé. Peut-être pour cette raison, les Ivoiriens sont les moins enthousiastes et les plus critiques au sujet du réseau. Les Ivoiriens soulignent qu'Internet pourrait creuser d'autres fossés que celui qui sépare et séparera les riches et les pauvres, les lettrés et les autres. Il s'agit d'une question de générations. Certaines personnes intelligentes et cultivées « *ne s'y mettent pas parce qu'elles ont passé l'âge* », tandis que les jeunes « *mordent dedans* ». Comme dans les pays du Nord, les logiciels de jeux ont servi d'aimant à l'utilisation de l'ordinateur puis du réseau. Il s'agit d'un produit d'appel très important pour le développement de l'informatisation. Il ne faut pas intervenir sur le phénomène, même au sein des familles, car tout ce qui participe à la propagation du réseau est bon. Ce qui étonne nos interlocuteurs, c'est le peu d'actions entreprises au niveau de l'État pour favoriser la diffusion d'Internet en Côte d'Ivoire. De même, parmi les personnes interrogées, celles relevant du secteur privé s'avèrent plus dynamiques que celles impliquées dans le secteur public. De l'avis même des informateurs, cet attentisme caractérise parfois les pays africains alors qu'il faudrait, au contraire, « *mettre les bouchées doubles* ». Mais cette réticence étatique s'explique, selon certains, par le fait que le réseau contient trop de ferments libertaires qui effraient quelque peu la classe politique au pouvoir. C'est aussi en Côte d'Ivoire que l'on redoute le plus qu'un jour, dès qu'il en aura les moyens et la compétence, le pouvoir utilise le réseau pour surveiller citoyens et opposants.

Tous les moyens d'information et de communication ont eu leurs avantages et leurs inconvénients et tous les médias contribuent au développement de l'Afrique. Il faut donc supporter les conséquences négatives pour bénéficier des aspects positifs. Selon les personnes interrogées, il se passera, avec le réseau, le même phénomène que précédemment : après une période de latence pendant laquelle l'utilisation se répand, Internet trouvera sa place au sein des autres médias. Sur le fait que les contenus puissent nuire à l'identité culturelle africaine, en revanche, nous enregistrons peu de réelles inquiétudes.

CHAPITRE IV

La Gambie

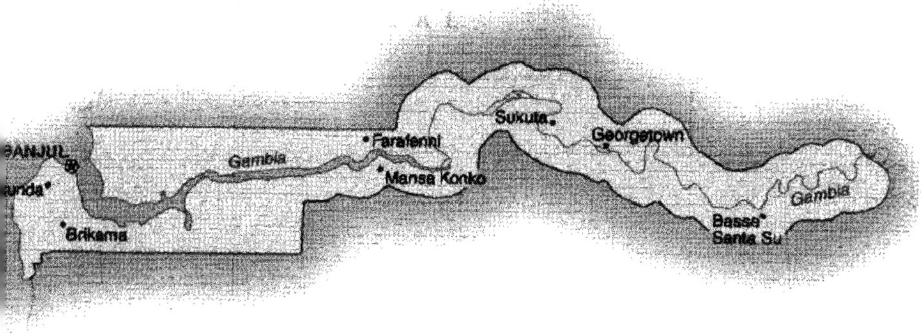

LES ENJEUX ÉTHIQUES RELIÉS À L'EXCLUSION ET À L'INÉGALITÉ

- *Internet creuse un écart entre les individus, les organisations et les pays en ce sens que ceux qui ont déjà les connaissances et les moyens financiers en profitent plus que ceux qui n'en ont pas.*
- *Par exemple, on constate que l'informatiquement illettré, les groupes de non-consommateurs et les territoires sous-équipés en moyens de communication sont ceux qui subissent l'exclusion du réseau.*

INTERNET, SEULEMENT AU SERVICE DES PLUS FAVORISÉS ?

Internet creuse des écarts entre différentes catégories de la population dans les pays du Sud, comme c'est le cas dans les pays du Nord : ce n'est donc pas spécifique de la situation africaine. Néanmoins, le Sud devrait prendre des dispositions particulières pour lutter contre ces inégalités, sinon il sera aussi responsable de cet état de fait que le Nord. C'est d'autant plus vrai que le retard du Sud permet aux pays concernés d'être conscients des conséquences : ils devraient donc prendre toutes les mesures nécessaires dès l'installation d'Internet pour en limiter les inconvénients. Certaines personnes précisent qu'il faudrait justement utiliser le réseau comme moyen de réduire les inégalités puisque « *cet outil s'y prête particulièrement bien* », en gardant présent à l'esprit que le Nord a souvent une perception déformée du Sud : « *dans les pays du Sud, les pauvres sont vraiment pauvres, très pauvres* ». C'est parmi les très pauvres que se trouvent le plus d'illettrés. « *On évalue les très pauvres à la quasi-totalité de la population alors que les illettrés seraient en Gambie autour de 80 %.* » Quant aux riches, ils ne représentent qu'une poignée de familles, soit au maximum 2 % de la population. Mais le lien n'est pas étroit entre richesse et culture, tandis qu'il est flagrant entre pauvreté et illettrisme.

Il y a aussi une relation de cause à effet entre information et culture. Malheureusement, selon le responsable d'un journal indépendant, 10 % de la population est complètement analphabète, y compris dans les langues autochtones, et 70 % comprend plus ou moins l'anglais oral local, tandis que 30 % au maximum de la population serait capable de lire les journaux (rédigés en anglais). Dans le Nord, toute une classe intermédiaire peut profiter des nouveautés technologiques même s'il ne s'agit pas de gens riches. C'est le cas d'un bon nombre d'utilisateurs adolescents ou étudiants par exemple. Les pauvres du Sud n'ont rien à voir avec ceux du Nord et les riches du Sud voyagent souvent à l'étranger et mènent une vie de loisirs plutôt que de travailler derrière un ordinateur. Ils ont en général du personnel pour s'occuper de tout ce qui est informatique, communications et télécommunications. « *Ils ne sont pas particulièrement intéressés par le développement d'Internet, sauf peut-être pour leurs affaires. Ils ne sont d'ailleurs pas non plus très intéressés par le développement de leur pays* » et « *malheureusement les Gambiens qui s'expatrient définitivement ne sont pas vraiment soucieux d'améliorer les conditions de vie d'ici...* » Au Nord, un élève peut être très pauvre mais avoir la possibilité d'utiliser l'ordinateur chez un copain, dans des organismes ou à l'école. En Gambie, l'école n'est pas obligatoire au-delà du primaire et les statistiques optimistes indiquent que seulement 65 à 70 % des enfants la fréquentent. Les garçons s'y rendent beaucoup plus que les filles, qui la fréquentent à 65-70 % environ. Normalement, les élèves ne pourraient quitter l'école qu'à 17 ans, mais un grand nombre le fait bien avant. En revanche, la fréquentation du jardin d'enfants augmente, surtout dans les villes, mais très peu de classes sont équipées de matériel informatique. Enfin, comme dans les pays francophones, « *il y a une grande différence entre les villes et les campagnes, et pour un grand nombre d'informateurs l'écart va crescendo au lieu de se résorber* ».

Le principal problème est que différentes catégories de population ne sont pas informées de l'existence d'Internet et de ce que représente le réseau. Parmi ceux qui le sont, « *Internet n'est pas considéré comme une nécessité. C'est un outil accessible aux fonctionnaires par le biais de leur administration et à quelques nantis grâce à leur richesse personnelle* ». En fait, nous avons constaté que des entreprises de presse locales, par exemple, sont complètement informatisées et disposent d'un site Web constamment actualisé. Mais, incontestablement, l'usage d'Internet est encore très peu généralisé en Gambie, y compris à Banjul, la capitale.

Conséquences

L'ensemble de nos informateurs déclarent penser souvent ou très souvent au fait qu'Internet puisse accentuer les écarts et les inégalités. C'est le cas lorsque, dans le cadre professionnel, ils cherchent des informations qu'ils ne parviennent pas à obtenir et qu'Internet pourrait leur fournir. Les sources locales sont en effet peu nombreuses car les archives sont peu ou mal conservées. Bien peu de conditions sont remplies pour préserver une bonne documentation. De nombreux faits n'ont déjà plus laissé de traces. Cette situation est regrettable, car plus on dispose d'informations, plus on a la possibilité de confronter des points de vue différents : « *en quelque sorte l'information attise la soif d'information et favorise le développement culturel* ». Internet accentue particulièrement cet état de fait et donc pénalise ceux qui ne disposent pas d'un ordinateur et ne sont pas connectés au réseau.

Les journalistes et les enseignants ainsi que les responsables ou membres d'associations pour le développement, pour les femmes, etc., pensent à cet aspect de la question chaque fois qu'ils sont confrontés au problème de la transmission des informations et des connaissances : ils ont rarement des sources à indiquer en dehors de ce qu'ils savent eux-mêmes et du contenu des quelques ouvrages que tout le monde connaît tant ils sont anciens et peu nombreux. Ceux qui éprouvent le plus grand manque sont les chercheurs, surtout au moment de rédiger des articles ou de remettre des dossiers.

Réduction des écarts et moyens d'action

Comme ailleurs, certaines professions plutôt que d'autres permettent de jouer un rôle dans les actions pour le développement d'Internet. Là comme ailleurs, à des niveaux différents, les entreprises de presse sont particulièrement bien placées pour jouer un rôle essentiel aussi bien au niveau du pouvoir décisionnaire (mesures politiques favorables) qu'à celui des utilisateurs (les lecteurs). C'est dans cette mesure que le Syndicat de la Presse gambienne (*The Gambia Press Union*) a le sentiment de pouvoir agir sur le gouvernement et sur les médias en général en ce qui concerne l'utilisation d'Internet. Par ailleurs, la Commission nationale chargée des médias a adopté une politique globale d'information et de communication où l'accent est mis sur la vulgarisation du réseau.

Certaines autres entreprises privées peuvent aussi avoir un impact important sur la multiplication des utilisations : c'est le cas des cybercafés. D'après le responsable de l'une de ces entreprises qui a commencé ses activités il y a quelques mois (enquêtes de novembre 1999), trois cybercafés ont déjà été ouverts à Banjul et Sera Kunda et dix autres ouvriraient prochainement dans le reste du pays. « *Il faut décentraliser au maximum l'utilisation de l'outil* », nous dit-on. Si l'on ne peut avoir la prétention d'attirer les très pauvres, on peut au moins faire profiter du réseau le Gambien moyen en pratiquant des prix très bas. Actuellement, 30 minutes de connexion à Internet coûtent un dollar et l'accès illimité est facturé 16 dollars par mois. On imagine ce que cela représente lorsque l'on sait que le revenu moyen par habitant est de 27 dollars par mois. Ces coûts semblent relativement peu élevés sachant que dans des pays comparables le même service coûte 50 dollars. Ces entreprises offrent aussi gratuitement au public des adresses électroniques. Elles facturent seulement les services utilisés. « *C'est à ce niveau-là aussi que le gouvernement peut intervenir : en cassant les coûts de connexion et en limitant les frais dûs aux conditions d'abonnement.* »

SOLUTIONS PROPOSÉES

La plupart de nos informateurs ont fait des suggestions pour favoriser la connexion à Internet. Il faudrait d'abord commencer au niveau national par la réduction des droits de douane et, au niveau international, négocier de bons prix avec les entreprises qui produisent le matériel car l'Afrique pourrait devenir un marché très intéressant dans la mesure où l'on part pratiquement de rien.

Les organisations internationales pourraient être davantage sollicitées aussi. C'est ainsi qu'un haut fonctionnaire nous indique qu'il y a des projets menés conjointement avec le Programme des Nations Unies pour le développement (PNUD) visant la connexion des institutions chargées de l'éducation. La mise en œuvre de ces projets est assurée par l'entreprise nationale des télécommunications agissant au nom du gouvernement. En l'an 2000 (enquêtes de novembre 1999) celle-ci envisage de vulgariser Internet dans les zones rurales en installant des ordinateurs connectés au réseau pour satisfaire aux besoins d'utilisation, « *car la question de l'Internet est financière : elle n'est pas technique* ». Il devrait rapidement y avoir un ordinateur connecté par village. Si les populations y ont accès, aidées de personnes compétentes, elles acquerront facilement un savoir-faire suffisant en la matière. Nombreux en effet sont ceux qui préconisent la formation, la sensibilisation et la fourniture gratuite des moyens d'accès dans des centres communautaires. Certains ministères pourraient proposer ces mesures sans attendre la création de télécentres privés payants. C'est une bonne chose déjà de **prendre conscience** de la question du réseau. Cependant, il faudrait œuvrer à satisfaire aux autres besoins aussi, surtout dans les campagnes et auprès des personnes vivant à l'intérieur du pays.

Selon nos interlocuteurs, la plupart des ministères de la Gambie ont accès à Internet. La connexion devrait être étendue aux écoles, aux lycées, aux universités, aux bibliothèques, aux centres d'information et de documentation du territoire. Il faudrait donc en quelque sorte déterminer les « produits Internet de première nécessité » car le réseau pourrait être un moyen, **le** (*the*) moyen le plus adéquat (*the right and the best*) de réduire les inégalités aussi bien au sein de la Gambie qu'entre les pays du Sud et *a fortiori* entre les pays du Nord et ceux du Sud.

OPTIMISME FUTUR

L'ensemble des personnes qui ont émis ces suggestions sont convaincues que si de vœux pieux leurs propositions passaient à l'état de décisions réelles et d'actions concrètes, les mesures prises et appliquées auraient un impact important, d'une part, sur le développement d'Internet et, d'autre part, sur la diminution des inégalités. Pour certains Gambiens, « *le développement du réseau sera ultra rapide : 5 à 6 ans pour parvenir à une couverture correcte. Pour l'instant il y a environ 1 200 personnes connectées* ». Le niveau de développement n'est pas fonction de la taille du pays. C'est la même chose dans les pays du Nord : le Luxembourg, la Suisse et Monaco par exemple sont beaucoup plus petits et beaucoup plus riches *per capita* que bien des États beaucoup plus vastes. « *En Afrique on peut prendre l'exemple du Boswana. La richesse en diamants est sans doute à l'origine de la richesse tout court et de la démocratie en particulier. Les Gambiens admirent beaucoup ce pays car il est parvenu à être auto-suffisant en tout. Les progrès se constatent dans tous les domaines, ainsi y a-t-il un éléphant pour quatre personnes, la nature est préservée et il y a beaucoup de personnes connectées.* »

DES CONSÉQUENCES DE L'ÉCART D'UTILISATION SUR LES AUTRES INTERVENANTS

Tous nos interlocuteurs pensent que si les inégalités étaient réduites grâce à Internet, cela aurait un impact sur la société tout entière, car « *la société future sera axée sur la communication et le pouvoir des individus dépendra de leur capacité de contrôle de l'information et des systèmes de télécommunications* ». C'est aussi la raison pour laquelle, s'il y a un choix à faire, il vaut mieux se concentrer sur la formation des jeunes en matière d'informatique. En voulant réduire des écarts, nous pouvons malheureusement contribuer à en creuser d'autres entre les jeunes et les anciens, entre les personnes formées et celles qui ne le seront pas, par exemple. Mais de deux maux, il faut choisir le moindre !

En ce qui concerne l'impact d'Internet dans les entreprises, il ne pourra être que positif en général et sur certaines professions en particulier. Même les entreprises de presse ne le perçoivent pas comme un concurrent mais comme un moyen d'information et de communication complémentaire à leurs propres fonctions et actions. Ce réseau mondial est complémentaire des autres médias de deux points de vue. D'abord comme service d'informations, le réseau permet d'obtenir des données disponibles nulle part ailleurs en Afrique en général, en Gambie en particulier. Ensuite, Internet est aussi un support de diffusion de l'information complémentaire à ceux qui existent déjà. Le réseau est un partenaire qui nous « *permet de valoriser nos productions et de nous donner une reconnaissance, une autonomie et une ampleur de diffusion inégalées même si c'est encore surtout potentiel pour l'instant* », déclare ce responsable d'une entreprise de presse privée.

LES ENJEUX ÉTHIQUES RELIÉS À LA DIMENSION CULTURELLE (CONTENUS VÉHICULÉS PAR INTERNET)

- *Internet favorise l'intrusion de contenus qui viennent principalement des pays développés dans les pays en développement.*
- *Par exemple, Internet représenterait une porte ouverte à la pornographie.*

DE L'HÉGÉMONIE CULTURELLE ET MÉDIATIQUE DU NORD

Il y a une certaine connivence entre les pays du Nord et ceux du Sud quant à la diffusion des programmes par les moyens désormais traditionnels de communication (presse, radio, télévision) et les contenus d'Internet. S'il y a une inégalité Nord/Sud, le Sud ne devrait s'en prendre qu'à lui-même, nous dit-on. Il est très capable de produire les contenus dont il a besoin. Il est le seul à posséder réellement la connaissance de ses conditions de vie et de sa réalité spécifiques. Même la Gambie qui est un tout petit pays dispose d'une forte capacité de concevoir des contenus qui pourraient intéresser le monde entier. On peut prendre comme exemple ce qui se passe avec la radio et la télévision : les échanges de programmes avec la Grande-Bretagne et les États-Unis sont à égalité, nous déclare un responsable de la presse. « *Quant aux programmes sur le développement provenant des pays du Nord (surtout Grande-Bretagne et États-Unis), ils sont « fair ».* » C'est ce qui se dégage majoritairement des entretiens.

Dans le pire des cas, « *on considère que vaut mieux les programmes du Nord que rien, car après tout, le monde est un village global* ». Cet aspect est très positif même pour les conditions locales, car le Sud peut ainsi savoir ce qui se passe au Nord. Grâce à Internet, seul moyen d'information et de communication de ce type-là, le Sud a accès à tout ce qui se conçoit dans le Nord. Si le Sud ne produit pas assez, il en est totalement responsable : il pourrait être beaucoup plus dynamique, même si le Nord doit assumer une forte responsabilité dans les choix qui sont faits pour les transferts de technologie. D'autres interlocuteurs sont encore plus radicaux : « *La valeur des contenus n'est ni une question de technique, ni de Nord ni de Sud, c'est une question de responsabilité de l'informateur et de liberté du lecteur.* » On assiste à une réelle prise de conscience des utilisateurs d'Internet. Ils perçoivent déjà les dangers sur le plan culturel. C'est pourquoi l'on promeut l'idée d'intégrer Internet dans les programmes scolaires en y adjoignant un volet moral et éthique lié à son utilisation. Les élèves grandiront en se servant de l'outil tout en prenant garde de ne pas en mésuser. Il n'y a pas de raison de devenir dépendant des produits du Nord puisque personne n'oblige quiconque à les regarder.

Si question particulière il y a, elle doit être traitée au niveau global, car avec Internet tous les problèmes se posent mondialement, et non nation par nation. De toutes façons, la culture occidentale a déjà envahi le reste de la planète : c'est un fait, c'est une donnée de la réalité. Ce que l'on doit reconnaître objectivement au Nord, c'est l'antériorité de la conception du système et de sa mise en application.

CONSÉQUENCES ET MOYENS D'ACTION

Nos interlocuteurs sont amenés à penser souvent à ce phénomène, chaque fois qu'ils utilisent le réseau. Lorsqu'ils cherchent des informations, ils « tombent » nécessairement sur des contenus du réseau dont, selon certaines statistiques, 70 % seraient produits aux États-Unis et 85 % en anglais. De ce point de vue, nos interlocuteurs anglophones sont incontestablement avantagés par rapport aux francophones. Évidemment, les Gambiens interrogés apprécient d'avoir à leur disposition tous ces contenus sans devoir faire de gros efforts linguistiques pour les comprendre. Certains disent qu'ils apprécient que ce soit « du bon boulot » (*they're makin' a good job*).

La quasi-totalité de nos interlocuteurs pensent aussi souvent à l'insuffisance des programmes produits par le Sud, mais ils sont confiants pour l'avenir. Dans cinq ou dix ans, la Gambie produira les contenus dont elle aura besoin à titre complémentaire de ce qu'elle trouve sur le réseau. En tout état de cause, ce qui est actuellement disponible sur le Web la satisfait, que ce soit au niveau des contenus ou de la langue majoritairement utilisée. Pour ces raisons les personnes interrogées n'ont pas réellement envie d'agir afin que les contenus soient filtrés en Gambie. Les responsables des entreprises de presse ou des programmes à la Radio-télévision gambienne semblent trouver facilement tout ce dont ils ont besoin pour les missions qu'ils doivent remplir : « *nous disposons d'un grand choix satisfaisant* ». Il n'y a qu'à l'étatique GAMTEL, l'institut multimédia de la Gambie (Gamtel Multimedia Institute) que l'on pourrait envisager de filtrer l'information en particulier dans le cadre de l'accès des écoles au réseau. Mais nos interlocuteurs ont tous souligné l'« ouverture » de GAMTEL.

QUELS MOYENS POUR CONTRÔLER L'INVASION INTERNET ?

Puisque dans l'ensemble les Gambiens sont intéressés par les programmes étrangers, nous leur avons demandé comment ils pourraient en assurer la promotion sans nuire à leur identité culturelle.

« *La meilleure réponse est la sensibilisation.* » Cette sensibilisation doit être menée aussi bien auprès des enfants par les enseignants, les éducateurs et les parents, qu'auprès des décideurs. Certaines personnes pensent que les pays du Sud, Gambie comprise, devraient s'organiser pour créer à leur tour des zones d'influence comme cela existe au niveau politique et commercial en Afrique de l'Ouest. Pour nos interlocuteurs, la proximité des pays anglophones et francophones ne constitue pas un obstacle, mais au contraire une réelle richesse. « *C'est un problème de volonté de vouloir créer quelque chose ensemble, pas un problème de langue.* » Malheureusement il n'y a pas réellement de communauté africaine et les facteurs de division sont extrêmement nombreux. « *Un grand pas serait fait si chaque pays parvenait déjà à mettre gratuitement sur le Net tous les programmes nationaux de radio et de télévision ainsi que les contenus de la presse gouvernementale. Si les autres médias étaient tentés de le faire, ils ne devraient pas s'en priver non plus.* » Les responsables de la presse indépendante partagent tout à fait ce point de vue. La consultation de leur site est gratuite aussi bien en Gambie que de l'étranger. Néanmoins cette gratuité ne conduit pas à une perte de revenus car il y a finalement peu d'utilisateurs, et les moyens à mettre en place pour le paiement posent parfois de nombreux problèmes. Cette solution semble satisfaire tous les acteurs : les usagers locaux et les Gambiens expatriés. Avant l'arrivée d'Internet il fallait que les personnes vivant « au pays » achètent les journaux et les expédient. Dans le meilleur des cas, ils arrivaient après une ou deux semaines ; dans le pire des cas, on ne les recevait jamais.

La satisfaction se lit aussi chez les journalistes et les responsables d'entreprise de presse, « *car la liberté totale milite contre la censure totale ou « mesurée »* ». Filtrer les informations avec le critère de préserver l'identité culturelle pourrait donner des idées au gouvernement, car « *tout est question de perception et un diktat est vite proféré* ». Comme nous l'évoquions plus haut, la totalité des Gambiens militent pour une absence totale de filtrage, mais avec la même vigueur pour une formation des enfants et une éducation des élèves très attentives à ces phénomènes. D'ailleurs certains parents ont déjà déposé des plaintes et intenté des procès lorsque des contenus ne leur convenaient pas dans d'autres médias.

Il s'agit là d'un problème complexe car il faut aussi respecter les libertés d'information et d'expression, notamment. La décision de filtrer les informations ne peut venir que d'instances supérieures créées pour jouer ce rôle, qui n'est pas celui de l'État. Les pères avisés qui veulent surveiller ce qui se passe au sein de leur famille peuvent acheter des logiciels peu onéreux qui permettront le tri des informations consultées et feront barrage automatiquement aux contenus non désirés.

RÉSULTATS IMMÉDIATS

La grande partie des informateurs pensent donc que le lien entre les contenus provenant du Nord et leur utilisation du réseau dans des activités professionnelles ou privées ne peut être que positif. Il l'est particulièrement pour certaines catégories professionnelles comme les patrons d'entreprises informatiques, les décideurs politiques, les responsables de la programmation à la radio et à la télévision, les responsables d'associations, les enseignants, les formateurs. Bref, bien peu de nos interlocuteurs omettent de souligner le grand avantage que les contenus du Nord disponibles en Gambie représentent pour eux. Un grand nombre des personnes interrogées présentent même le phénomène comme un facteur d'unité : « *on sait ce que l'autre peut savoir, ce que regarde l'autre* ». Certains informateurs proposent une comparaison entre le développement d'Internet et le développement du sport : « *comparaison importante car dans les deux cas il y a « développement » et ici on ne plaisante pas avec le développement (people are serious with development)* ». Quelle que soit la tendance politique, le sport unit les individus et contribue à leur insuffler un grand nombre de valeurs très importantes dans la vie : le dynamisme, le courage, le partage, le sens du collectif, etc. Pour nos interlocuteurs, Internet est aussi fondé sur bon nombre de ces valeurs-là. « *Elles transcendent toutes les tendances idéologiques. Comme le sport, le développement d'Internet en Gambie constitue un très important facteur de mobilisation globale qui passe outre les clivages idéologiques. C'est d'ailleurs la même chose dans le Nord : on l'a bien vu avec la récente Coupe du monde à Paris.* » Pour d'autres, la comparaison avec le sport ne s'arrête pas là, car le sport et Internet, ce sont des affaires de jeunes et c'est sur les jeunes que repose l'avenir. « *Souhaitons donc que le sport et le réseau demeurent des facteurs de mobilisation très forts.* »

LES ENJEUX ÉTHIQUES RELIÉS AUX COÛTS ET AU FINANCEMENT D'INTERNET

- *Internet est un outil complexe qui nécessite de gros investissements financiers. Même si l'importance de l'infrastructure en communication est maintenant reconnue, la concurrence est grande avec les autres priorités d'investissement (hôpitaux, routes...).*
- *On peut considérer que l'intégration d'Internet renforce l'endettement des pays en développement à cause de ses coûts élevés et du fait que la plus grande partie des équipements soit achetée en devises étrangères ($ ou FF).*

INTERNET : UNE AUTRE PRIORITÉ POUR LA GAMBIE

À propos de ces spéculations, 71 % des personnes interrogées pensent qu'Internet n'entre pas en concurrence avec les autres priorités d'investissement, de même qu'il n'alourdit pas le fardeau de la dette du pays. Ces personnes estiment qu'Internet est un outil complémentaire aux autres priorités d'investissement. C'est un « outil d'apprentissage » et de formation. Par conséquent il constitue une priorité. Il représente un investissement en matière de ressources. Par exemple, la plupart des établissements d'enseignement avaient coutume de commander les manuels à Londres et maintenant ils peuvent utiliser Internet pour satisfaire ce besoin. C'est également le cas de la télémédecine qui peut être facilitée par le truchement d'Internet. Internet est une nécessité et constitue en soi une école et une bibliothèque mondiale dont le monde a besoin.

La minorité restante des personnes interrogées dit que la technologie d'Internet n'est pas très avancée dans le pays et ne représente pas une priorité pour le gouvernement car, selon ces personnes, « *Internet apparaît actuellement en Afrique, un continent où l'on ne s'est pas encore rendu compte de tout son potentiel* ». Dans les pays en développement, des crédits budgétaires insignifiants sont alloués au secteur de l'informatique parce qu'il n'est pas prioritaire. Au nombre des priorités qui préoccupent actuellement les gouvernants, il y a la santé, l'éducation et la sécurité alimentaire.

QUELQUES CHIFFRES

Cette question n'a pas reçu de réponses franches. Une seule personne pense souvent au phénomène de la concurrence qu'Internet peut faire aux autres priorités d'investissement et à l'alourdissement du fardeau de la dette par Internet. Deux personnes y pensent quelquefois. Les autres n'ont pas fourni de réponses à cette question.

Ici également 71 % des interviewés estiment qu'ils peuvent agir, chacun à son niveau, sur la répartition budgétaire et l'accroissement du fardeau de la dette. Certains pensent qu'en faisant appel à l'appui des institutions internationales (l'ONU par exemple), pratiquement aucune charge directe ne serait imputable à l'État.

Certaines personnes interrogées pensent faire certaines recommandations au gouvernement afin qu'il accorde plus de place à Internet dans ses programmes. Il faut signaler que cette position est tenue par les responsables des médias d'État. Ceux de la presse privée soutiennent que le gouvernement ne prend jamais en compte les solutions ou recommandations qu'ils proposent. Ces même personnes considèrent que ces solutions auront un impact important dans la résolution du problème des répartitions budgétaires.

En dehors des sociétés privées, tous les autres interviewés pensent qu'il y a un lien entre leurs entreprises ou services et la répartition budgétaire faite par le gouvernement.

LES ENJEUX ÉTHIQUES RELIÉS À L'IMPLANTATION SOCIOTECHNIQUE D'INTERNET (RÉSISTANCES, USAGES)

- *L'implantation d'Internet au pays n'est pas chose facile parce que toutes les conditions (scolarisation, identification des besoins...) ne sont pas toujours réunies.*
- *On dit souvent à ce sujet, par exemple, que le Nord transfère ses technologies vers le Sud pour des raisons pécuniaires, pas nécessairement parce qu'il y a un réel besoin.*

À propos de cette spéculation, 51 % des personnes interrogées sont d'accord que toutes les conditions de formation et d'identification des besoins des utilisateurs ne sont pas toujours réunies lors de l'implantation d'Internet dans leur pays. En particulier elles sont loin d'être réunies dans un pays comme la Gambie. Ce pays a une population d'un million d'habitants dont environ 15 % sont lettrés. Seuls 2 à 3 % de cette proportion (15 %) ont les moyens de s'acheter un ordinateur. La petite taille du marché, le pouvoir d'achat limité du public et son faible niveau d'alphabétisation constituent des contraintes objectives en la matière. Un bon nombre des gens rencontrés pensent souvent à ce problème. Cette question préoccupe beaucoup d'entre eux car ils constatent que le niveau de connaissances en informatique est très bas sur le plan local.

Ici également les gens pensent pouvoir agir, soit en écrivant des articles de sensibilisation, soit en donnant la formation dans leurs différentes structures (journaux, sociétés ou services). On insiste sur la formation des utilisateurs à une utilisation efficiente d'Internet comme la principale solution qui permettra une bonne prise en charge de l'outil. Un effort devrait aussi être fait pour faciliter l'accès à l'ordinateur, sinon son acquisition. On devrait également développer l'accès aux centres communautaires comme c'est le cas au Sénégal. Certains des interviewés proposent de faire des campagnes publicitaires à la télévision, dans les journaux et de donner des cours sur Internet afin que le public le considère comme une nécessité, un outil d'apprentissage. Les fournisseurs d'accès et les vendeurs d'équipements également sont prêts à réduire leur marge bénéficiaire afin d'encourager l'accès du plus grand nombre à Internet.

Tout ce monde pense que les solutions préconisées auront un impact important sur le processus d'implantation d'Internet en Gambie. La majorité pense également qu'il y a un lien entre le fait que toutes les conditions ne sont pas réunies dans le processus d'implantation d'Internet et le fonctionnement ou la gestion de leurs sociétés ou institutions.

LES ENJEUX ÉTHIQUES RELIÉS AU POUVOIR POLITIQUE

- *Internet est une aide indispensable pour l'exercice du pouvoir politique dans certains pays.*
- *Par exemple, on s'est aperçu que c'est dans l'administration, les douanes, les contributions, la sécurité, qu'on a commencé à implanter les ordinateurs et les réseaux, avant que cela ne se généralise.*

RÔLE ET PERTINENCE D'INTERNET AU SEIN DE L'ÉTAT

Contrairement à ce que nous avons observé au Ghana, la plupart de nos interlocuteurs ont répondu à la question de savoir si le réseau constitue déjà ou non un outil essentiel dans la vie politique du pays. Comme précédemment en Gambie, l'optimisme l'emporte et la position dominante de nos interlocuteurs pourrait se résumer ainsi : c'est l'administration qui a commencé à se connecter avec une progression irrégulière. Le secteur privé, arrivé plus tard, a été plus rapide à développer l'utilisation du réseau aussi bien en Gambie que de et vers l'étranger. Mais le gouvernement utilise Internet seulement dans le cadre de l'informatisation des administrations et dans le but d'une meilleure communication entre elles. Le fait apparaît très positif aux Gambiens « restés au pays », mais ceux qui se sont expatriés y trouvent un avantage aussi. Le nombre d'expatriés principalement vers les États-Unis, la Grande-Bretagne et l'Allemagne est assez important. Ils y effectuent des travaux non qualifiés et ne savent pas, au départ, s'ils retrouveront leur sol natal. Ils trouvent que grâce aux sites gouvernementaux (et aux sites privés aussi) ils conservent un lien fort et direct avec leur terre natale.

Pour la très grande majorité des Gambiens, une autre utilisation possible d'Internet par le pouvoir à des fins de surveillance des individus, des opposants au régime, etc., ne semble pas être inscrite au programme gouvernemental. Ainsi, « *même si le gouvernement est connecté, ça n'a pas la même importance que les sociétés privées* » et « *on ne sait pas bien qui a commencé le premier : le privé ou le public, d'ailleurs ça n'a pas d'importance, l'essentiel est que ça avance* ». Chacun décline ensuite cette position en y apportant des arguments plus ou moins spécifiques.

Dans cet ensemble tranquille et optimiste, les entreprises de presse sont les seules à partager un point de vue peut-être plus réaliste. Il est clair que, pour l'instant, « *le gouvernement n'a pas vraiment les moyens d'utiliser Internet à des fins de surveillance* ». La liberté d'expression et d'opinion est garantie par la Constitution et une nouvelle loi sur la communication est en préparation, mais « *globalement la presse est moins libre qu'en Côte d'Ivoire et bien moins qu'au Sénégal* » (les interviews ont eu lieu en novembre 1999 avant le coup d'État du général Robert Gueï qui a renversé le président Henri Konan Bédié). En Gambie, malgré les lois, tous les moyens de pression sont bons pour que les journalistes de la presse gouvernementale « donnent satisfaction » :

calomnies, fausses accusations, menaces par les autorités politiques et religieuses, etc., et les « *pauvres journalistes sont soumis aux mêmes conditions effrayantes que les autres détenus (planche de bois dans des cellules sordides infestées de moustiques)* ». On voit donc le parti que le gouvernement peut tirer du réseau, d'une part, pour exercer une censure si les informations diffusées ne lui conviennent pas, et d'autre part, dans une perspective à plus long terme, pour surveiller les faits et gestes des journalistes ou des opposants au régime, présents ou expatriés. Et la censure religieuse est plus drastique encore que la censure politique. Mais il est vrai que, sur le terrain, Internet peut ne rien changer car nombreux sont les médiateurs qui appliquent une autocensure : « *elle existait avant, elle existera après l'arrivée d'Internet. Et il n'y a pas qu'Internet pour pratiquer la surveillance. Avant l'arrivée de ce réseau on surveillait déjà beaucoup : tous les moyens sont connus depuis longtemps.* »

La presse privée est plus libre parce qu'elle est la propriété de gens riches qui gravitent autour du pouvoir et dont le pouvoir a besoin. La plupart des journalistes ont fait des études à l'étranger dans des universités ou des écoles privées : « *ce fait, ajouté à celui qu'ils ont de l'argent, les rend plus difficiles à manipuler* ».

Internet au service de l'exercice politique ?

Pour toutes ces raisons, les journalistes et les responsables des entreprises de presse gouvernementales sont pratiquement les seuls à penser souvent à ces problèmes : ils y sont, en fait, confrontés chaque jour. Pour les autres représentants des catégories socioprofessionnelles et des utilisateurs individuels, « *ce n'est pas un problème* » et « *la question ne se pose pas* ». D'autres pensent que « *même quand le gouvernement aura des machines, il n'aura pas le savoir faire* ».

Personne ne souhaite évidement agir pour que l'État se serve d'Internet comme d'un outil de pression sur les citoyens, les opposants et les médiateurs. La plupart de nos informateurs préfèrent courir ce risque, car « *rien ne doit arrêter le développement d'Internet* » et « *cette technologie présente beaucoup plus d'avantages que d'inconvénients* ». Tous doivent faire tout ce qui est en leur pouvoir pour arriver à cette fin et contribuer à l'Initiative pour le développement de l'Internet en Afrique (Internet Initiative for Africa).

QUELS MOYENS POUR UN DÉVELOPPEMENT ÉTHIQUE D'INTERNET ?

La pratique des banques de données n'effraie personne et, si on en constituait, cela devrait apporter d'excellents résultats. Tous les secteurs pourraient en bénéficier : c'est le cas par exemple de la Santé où seraient enregistrés tous les problèmes de santé primaire, les foyers de contamination, les moyens de lutter contre les maladies, etc. Toutes ces données seraient mises à la disposition du corps médical, bien sûr, mais aussi de l'ensemble de la population, à des fins de prévention et de thérapie. Les productions agricoles locales seraient mieux connues et mieux gérées. Les échanges avec l'étranger seraient peut-être assurés à meilleur coût, car pour l'instant c'est souvent le Nord qui fixe les tarifs sans que le Sud en connaisse les motifs et sans arguments à proposer pour se défendre. Là encore il faut privilégier une utilisation communautaire. Un des moyens d'y parvenir est de mettre à la disposition de chaque responsable d'organisme, de groupement, de syndicat, etc., un ordinateur connecté au réseau. Sur ces bases, le gouvernement devrait pouvoir obtenir des aides de l'étranger et injecter des fonds bénéfiques dès maintenant et rentables à court terme. « *Si nous optons pour un accès communautaire, les coûts liés à la vulgarisation ne seront pas très élevés.* »

CONCLUSION

En Gambie, les déclarations font plutôt preuve d'optimisme. Si l'on ne partageait pas les points de vue, on trouverait les causes dans la nouveauté du phénomène et le manque d'expérience ou l'absence de prise de conscience de certains dangers. Comme au Ghana ou dans les pays francophones visités, il y a une grande différence entre les villes et les campagnes mais plus qu'au Ghana, on nous signale que l'écart entre les riches et les pauvres, donc entre les alphabétisés et les illettrés, se creuse. En dehors de « permettre », – ce qui est déjà très positif –, le gouvernement ne semble pas employer tous les moyens à sa disposition pour informatiser petit à petit l'administration. Personne n'a mentionné ce qu'il en était des rapports entre les administrations et les citoyens avec ou sans Internet. Il peut s'agir d'un cercle vicieux car les administrations ne mettent pas les informations en ligne, pensant que le coût d'un tel site serait trop élevé par rapport au nombre d'utilisateurs potentiels. Et pendant ce temps les citoyens connectés ne prennent pas l'habitude de consulter les sites gouvernementaux et administratifs. Les expatriés semblent particulièrement désireux « d'avoir des nouvelles du pays » par ce moyen.

À l'opposé du secteur public, le secteur privé apparaît beaucoup plus dynamique pour ce qui concerne notre sujet d'étude. Les entreprises de presse, les enseignants et les responsables d'associations peuvent favoriser l'**utilisation** d'Internet en faisant connaître le réseau et en expliquant son fonctionnement. Les responsables politiques peuvent influer sur le gouvernement pour la prise de mesures aidant au **développement du réseau**. Par les contenus politiques de ses colonnes, la presse, de son côté, peut remplir la même fonction. Par ses pages culturelles ou ses articles informatifs, elle peut aussi bien favoriser le développement du réseau que son utilisation par les lecteurs.

Mais les problèmes de l'information dépassent très largement les possibilités qu'aurait la presse de servir d'outil d'éducation primaire et permanente. Il faudrait faire appel à tous ceux qui pourraient être utiles en dehors des enseignants et formateurs proprement dits. « *Il devrait y avoir des spécialistes de l'éducation de masse (mass education) exactement comme il y a les spécialistes des médias de masse (mass media).* » Toutes les ressources humaines possibles disponibles dans le pays, hors du pays et à l'étranger devraient pouvoir y contribuer. « *De telles actions profiteraient à l'ensemble de la population, les frères pourraient en parler à leurs sœurs, les garçons à leurs parents, y compris à leur mère : il y aurait certainement un effet boule de neige.* »

Au lieu de tenter de mettre en place de réelles politiques de développement en général, de l'informatique et de l'Internet en particulier, « *les ministres concernés passent plutôt leur temps à aller chercher de l'argent à l'étranger, pensant qu'ils ont de la valeur et qu'ils sont considérés en fonction de ce qu'ils « rapportent »* ». Et localement bien des secteurs pourraient être développés, ce qui aurait un effet immédiat sur certaines couches de la population (emplois) comme sur le développement en général (davantage d'argent en circulation dans les secteurs diversifiés – c'est le cas du tourisme, par exemple –, comme l'ont souligné plusieurs personnes) et l'ensemble de l'économie gambienne serait « arrosée ».

LES ENJEUX ÉTHIQUES RELIÉS À L'ORGANISATION ÉCONOMIQUE

- *Internet favorise le développement de plus grosses entreprises nationales et multinationales.*
- *Par exemple, les premières à s'informatiser, après l'administration publique, sont les entreprises nationales qui dépendent de l'État.*

Cette spéculation n'a pas reçu toute l'attention des personnes interrogées. On retient de leurs interventions qu'elles admettent que les entreprises liées à l'administration sont les plus connectées à Internet. Les multinationales aussi le sont, mais certaines personnes préconisent que le gouvernement promulgue des lois pour réglementer leurs activités afin d'éviter l'étouffement des petites et moyennes entreprises (PME). De toutes façons, les entreprises privées ne s'intéresseront à Internet que lorsqu'elles verront qu'elles peuvent en tirer un profit. On retient aussi que dans l'administration les agents ont facilement accès aux ordinateurs.

CONSTAT

Toutes les personnes interrogées en Gambie sont très optimistes quant à l'avenir d'Internet dans leur pays. Internet est vu comme un outil d'apprentissage, de recherche qui permet aux opérateurs économiques, aux chercheurs d'aller chercher des informations dans le monde et d'en fournir sur la Gambie au monde. Pour vulgariser l'outil, un effort doit être fait dans la formation des utilisateurs afin de maîtriser l'outil. Un autre effort doit être fait dans la réduction des coûts de l'équipement, des logiciels, des connexions et des communications. Dans les entretiens, on ne perçoit pas une certaine popularité d'Internet au niveau de la société civile et des chercheurs. On ne voit pas non plus l'organisation mise en place par l'État pour la promotion d'Internet à travers tout le pays.

CHAPITRE V

Le Ghana

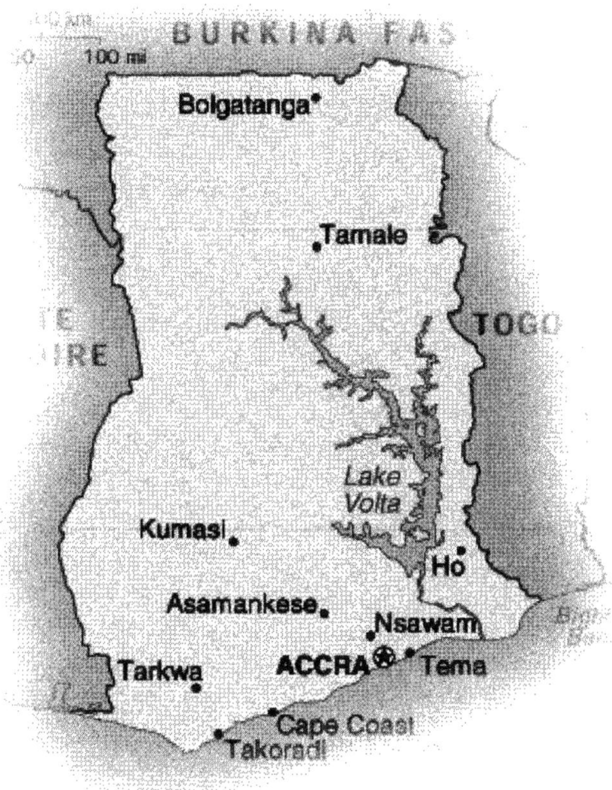

LES ENJEUX ÉTHIQUES RELIÉS À L'EXCLUSION ET À L'INÉGALITÉ

- *Internet creuse un écart entre les individus, les organisations et les pays en ce sens que ceux qui ont déjà les connaissances et les moyens financiers en profitent plus que ceux qui n'en ont pas.*
- *On constate que l'informatiquement illettré, les groupes de non-consommateurs et les territoires sous-équipés en moyens de communication sont les exclus du réseau.*

INTERNET, INSTRUMENT AU SERVICE DES PLUS FAVORISÉS SEULEMENT ?

La majorité des personnes interrogées pensent qu'Internet creuse les inégalités déjà existantes entre les riches et les pauvres ou entre les alphabétisés et les illettrés. Le reste des intervenants est également réparti entre ceux qui ne le pensent pas (1/4) et ceux qui émettent un jugement plus mitigé (1/4). Ces derniers considèrent qu'on ne peut pas répondre franchement à la question par oui ou par non car tout dépend de l'angle sous lequel est faite l'analyse. Pour l'un d'eux, Internet est comparable aux autres technologies. Il faut un certain temps pour s'y adapter. Un grand nombre en tire avantage et quelques personnes ne le peuvent pas. Cet inconvénient ne justifie pas le refus de développer cette technique. Internet, comme les autres techniques, « *fournit les outils d'accroissement de la productivité, de valorisation de la gestion des services. Tout ceci constitue des avantages plutôt que l'inverse. Le problème réel réside dans le fait de gérer la mutation, c'est à dire : quoi faire des personnes qui sont actuellement exclues des techniques ou du réseau ? Les inconvénients sont dus aux problèmes sociaux non gérés et non à la technique ou à Internet.* »

Les économies axées sur la technologie bénéficient davantage des applications d'Internet. S'agissant des économies en développement qui ne sont pas axées sur la technologie, l'on doit établir un rapport entre la sous-implantation du réseau et les résultats obtenus. On peut ainsi mesurer les améliorations à apporter. En d'autres termes, si les coûts d'implantation d'Internet ne sont pas trop élevés, on obtient des résultats importants. La question d'Internet requiert une approche progressive permettant d'employer au mieux les ressources internationales, nationales et locales.

Il faut de toutes façons se méfier de la publicité fondée sur le fait qu'Internet réduit tous les écarts. Même les personnes qui ne pensent pas que le réseau peut créer un fossé entre riches et pauvres, entre alphabétisés et illettrés, entre villes et campagnes, etc., incitent à la vigilance sur le fait que les slogans publicitaires à propos du réseau sont souvent mensongers. À Accra, un ordinateur coûtant entre 750 000 et 1 000 000 CFA (1 500-2 000 $ environ ou 7 500-10 000 FF), peu de personnes peuvent se l'offrir. Et le mauvais état des infrastructures, notamment du téléphone, est souligné ici comme dans les autres pays africains visités. Un grand nombre de personnes interrogées pensent que les cybercafés peuvent contribuer à lutter contre les inégalités. Selon certains informateurs, il y en aurait beaucoup au Ghana. On en connaît au moins huit ou dix à Accra. Kumasi, Cape Coast, Takoradi et Oboasi en ont aussi. Mais il faut être très vigilant sur l'interprétation des chiffres, car certains cybercafés sont ouverts dans les hôtels de luxe pour une clientèle nationale ou internationale fortunée par rapport au niveau de vie ghanéen. Les cybercafés les plus utiles au développement d'Internet devraient être installés dans les banlieues des grandes villes et dans les campagnes.

Les personnes interrogées ayant déclaré qu'Internet creuse un écart pensent aussi souvent à ce problème que ceux qui partagent l'avis contraire. L'un de nos informateurs, professeur en communication à l'université d'Accra, a même rédigé un article sur la question, paru dans un livre publié récemment. Cet enseignant suggérait d'utiliser « *un langage de formation à l'informatique et à l'Internet à base d'images pour les paysans qui ne savent ni lire ni écrire ou qui maîtrisent mal l'écriture et la lecture* ». Un responsable de site, quant à lui, prône plutôt des mesures qui « *s'adressent à toutes les masses... qu'il s'agisse des paysans, des étudiants, des hommes politiques ou des hommes d'affaires* ». Pour lui, mieux vaut donc se battre sur tous les fronts pour que ce soit l'ensemble de la société ghanéenne qui soit prise en compte.

Comme dans les autres pays, la fonction remplie par nos interlocuteurs les habilite ou non à jouer un rôle dans le développement du réseau au Ghana. Ceux dont les professions ne le permettent pas utilisent « *tout ce qui est en leur pouvoir pour influer à leur petit niveau* ». Ceux qui sont en mesure d'agir « *présentent aux autres les trois possibilités fondamentales d'Internet : faire des affaires, travailler, jouer, pour tenter de les convaincre d'utiliser le réseau* ». Ils militent pour minimiser la question du coût. D'autres préconisent la mise en place de centres communautaires d'utilisation des nouvelles technologies de l'information et de la communication, comprenant évidemment Internet.

MOYENS D'ACTION POUR DIMINUER LES ÉCARTS D'UTILISATION

Les responsables d'entreprises informatiques, les créateurs ou les « hébergeurs » de sites attirent l'attention sur le fait que leur tâche est particulièrement ardue dans la mesure où « il faut tout faire, occuper tous les créneaux, c'est-à-dire créer des réseaux, vendre et installer l'équipement, faire de la maintenance, mettre au point des logiciels spécifiques. Très souvent il faut aussi assurer la formation... Finalement il n'y a pas grande différence entre les entreprises mondiales et nous » (rires). En fait, ce responsable dirige l'entreprise qui gère le réseau Internet du Ghana et de l'Afrique de l'Ouest. Il a également créé de nombreux réseaux privés ainsi que des intranets. Cette entreprise qui existe depuis onze ans est l'une des premières à avoir été fondée pour maîtriser l'informatique et le secteur des technologies de l'information au Ghana.

Dans les ministères concernés, les mesures prises pour développer le réseau sont évidemment différentes. Au ministère de la Communication, une politique globale a été mise en place pour définir les besoins du Programme national de communication. En 1995, une politique des télécommunications a été élaborée. Cette politique définit les actions à mener sur le terrain et les stratégies à adopter en vue d'une amélioration rapide des infrastructures et des services en matière de télécommunications. Cette politique a permis de commercialiser des services. Dans le passé, la gestion des télécommunications était monopolisée par le gouvernement. De nos jours, il y a une concurrence en matière de commercialisation des services. C'est plutôt le secteur privé qui intervient en ce qui concerne l'informatique, les télécommunications et évidemment Internet. Le gouvernement a cependant une participation dans l'entreprise étatique. Il détient 70 % des parts et les 30 % restantes ont été cédées à des investisseurs stratégiques. Cette entreprise est maintenant gérée comme une entreprise privée. En outre, une société entièrement privée a été autorisée à concurrencer cette dernière.

Les services tels que la téléphonie mobile et Internet sont entièrement commercialisés par des entreprises privées. La politique dont il est question ici vise le retrait total du gouvernement en matière d'infrastructure et de services de télécommunications. La reprise de la filière sera effectuée par le secteur privé. Une structure délivrant les agréments et supervisant les exploitants a été mise sur pied. Au milieu de l'année 1999, il a été décidé d'aller plus loin. La politique est mise en œuvre pour une durée de cinq ans, de 1997 à 2002. Auparavant ces secteurs dépendaient du ministère des Transports et des Télécommunications, mais en 1997 un ministère de la Communication a été créé. La politique des communications a été révisée en fin d'année 1999 et a été soumise à l'approbation du gouvernement. Elle vise l'amélioration des infrastructures de communication, la promotion des services Internet et le développement du service multimédia afin de faciliter le travail des entreprises à la fois sur le plan local et à l'extérieur du pays. L'exportation doit être privilégiée. Cette politique de communication vise également le secteur de la radio-diffusion qui a été ouvert à l'entreprise privée. La *Ghana Broadcasting Corporation* demeure cependant une entreprise d'État.

CONSÉQUENCES POSSIBLES

Toutes ces décisions de politique intérieure et de création d'entreprises ou de poursuite d'activités entrepreneuriales auxquelles la loi accorde une autonomie totale devraient permettre d'agir en faveur du développement d'Internet au Ghana. Elles sont considérées positivement par les informateurs qui les ont évoquées. Certains ont ajouté la nécessité absolue de diminuer les coûts aussi bien du matériel que des frais de connexion. Il s'agit-là d'un vœu exprimé dans tous les pays où nous nous sommes rendus.

DES RÉPERCUSSIONS POSSIBLES DE L'ÉCART D'UTILISATION SUR D'AUTRES INTERVENANTS

De l'avis de tous, il faut entreprendre tout ce qui peut être bénéfique au développement d'Internet au Ghana. Tout type d'acteurs doit se faire un devoir d'y contribuer. Cela réduira les inégalités au sein du pays et dans ses relations internationales. Le pays doit absolument être en mesure de suivre « *toutes les innovations technologiques développées sous d'autres cieux* ». La connaissance, le savoir, l'information ne circulent pas assez du point de vue quantitatif et pas assez rapidement du point de vue qualitatif, car une nouvelle qui arrive trop tard est vite dépassée. Les journalistes en particulier ont beaucoup réfléchi à cette fonction d'Internet de réduire les écarts en apportant de l'information. Et après avoir craint que leurs journaux ne se vendent moins, ils ont finalement décidé de mettre les contenus dont ils disposent sur le Web. Certaines entreprises furent créées dans ce but spécifique. Elles ont, parallèlement à Internet, monté des stations de radio en vue de contribuer à résoudre le problème du manque d'informations sur le plan local. L'accès à l'information n'est pas facile au Ghana. Internet est un outil d'information efficace, y compris pour les couches défavorisées. Il est envisagé de vulgariser le réseau auprès du « *Ghanéen moyen afin de renforcer son propre pouvoir* ».

LES ENJEUX ÉTHIQUES RELIÉS À LA DIMENSION CULTURELLE (CONTENUS VÉHICULÉS PAR INTERNET)

- *Internet favorise l'intrusion de contenus qui viennent principalement des pays développés dans les pays en développement.*
- *Par exemple, Internet représenterait une porte ouverte à la pornographie.*

DE L'HÉGÉMONIE CULTURELLE ET MÉDIATIQUE DU NORD

Cet aspect des contenus apparaît fondamental à tous nos interlocuteurs. Il faut mettre les contenus à la disposition de l'ensemble de la population. Certains informateurs pensent en particulier aux Ghanéens qui vivent à l'étranger. Il faut créer des sites Web très connus à travers le monde pour fournir des nouvelles, des renseignements, des informations sur les événements du pays, et faire des boucles avec les radios locales. C'est le meilleur moyen pour que l'information en provenance des pays du Sud arrose le reste de la planète. Sinon on subit la loi du nombre. La situation actuelle de l'Amérique du Nord est bien connue : une personne sur six a accès à Internet et possède des connaissances pratiques en la matière. Sur le plan local, le ratio ghanéen est de 1 sur 6 000. C'est très bas et révélateur. Cela explique le fait qu'il y ait beaucoup de contenus venant du Nord. Il faut donc relever le défi du transfert des technologies et ensuite mettre l'accent sur la conception de contenus autochtones.

Pour certains l'intrusion des contenus du Nord n'est pas spécifique d'Internet. Elle existe déjà avec la télévision. L'élément nouveau avec Internet c'est que l'utilisateur a la possibilité de créer des contenus et d'aller voir ceux des autres, ce qui n'a jamais été le cas jusqu'à maintenant : ne parvenait en Afrique que ce que l'on voulait bien y envoyer. La situation précédente désavantageait l'utilisateur. Le réseau, au contraire, facilite tous les types de transmission. Et le fait de connaître les contenus venant du Nord « *permet de savoir ce qui manque ou ce qui est incomplet et éventuellement de le compenser : c'était beaucoup plus difficile et plus long autrefois* ».

De l'importance de sensibiliser les utilisateurs à l'utilisation d'Internet

La plupart des interlocuteurs pensent à ces problèmes aussi bien pour eux-mêmes que pour leurs enfants. Car le risque est double. Il présente un aspect quantitatif en termes de manque de contenus et un aspect qualitatif en tant que contenus qui peuvent donner une image déformée de ce dont ils traitent. On peut toujours penser que si les contenus autochtones produits au Ghana satisfont les utilisateurs, ces derniers n'iront pas chercher ailleurs ceux qui seraient moins conformes à la réalité vécue. C'est la raison pour laquelle, parmi les actions de formation, « *il faut développer le sens critique des individus* » et « *compter sur le bon sens du public* ». Certains sites sont à déconseiller franchement, notamment tous ceux qui diffusent de la pornographie. Auparavant il était assez difficile d'y accéder. Il fallait vraiment le vouloir ; maintenant c'est à la portée de tous. C'est la raison pour laquelle les parents doivent être mis en garde quant à leurs enfants. Mais la même question se pose avec la télévision, les revues, le cinéma, avec presque tous les médias... c'est donc de plus en plus complexe. Certains interlocuteurs souhaiteraient être en mesure d'empêcher la diffusion de contenus non désirables, mais ils baissent parfois les bras devant les difficultés. D'autres en appellent à la législation, sachant « *qu'Internet est un monde libre* » pour les besoins duquel « *il est très difficile de promulguer des lois car il sera difficile de les faire respecter dans un pays donné*, a fortiori *d'un pays à un autre puisque Internet, par nature, défie les règlements* ». Vu la manière dont est structuré le réseau et considérant son évolution, c'est perdre son temps. Ces règlements seront difficiles à appliquer. Cela s'avère extrêmement ardu sur le plan technique : « *personne au Ghana ne pourra le faire* ». Ce serait un gaspillage d'énergie : « *Il vaudrait mieux utiliser ce temps et cette énergie à la valorisation de l'éthique au plan social en appuyant financièrement les églises, les écoles, les bibliothèques, etc. Ces dispositions permettront d'établir un équilibre. L'équilibre est l'un des objectifs visés par Internet. Ces objectifs incluent également : l'ouverture, la transparence, l'équité, l'égalité.* »

Là comme ailleurs, il est donc difficile d'intervenir sur les contenus mis sur le réseau. Cette situation présente des avantages (censure difficile) mais aussi des inconvénients (filtrage quasi impossible des contenus pervers). Mais là encore, la responsabilité n'est pas à chercher dans la technique mais dans des évolutions sociales contestables. « *C'est le cas par exemple du démantèlement des structures familiales et de la corruption de valeurs éthiques, occidentales notamment.* » De même, les parents et les enseignants ont de moins en moins d'autorité sur les enfants : leur surveillance est-elle encore réelle quant à leur consommation de produits dits culturels ? Dans les pays du Sud les valeurs familiales sont encore vivaces, mais le risque provient justement du fait que des modèles extérieurs viennent les détruire : la dégradation sera évidemment identique, de ce point de vue, à ce que l'on connaît au Nord, « *mais il n'y a pas de raisons pour que ce soit pire. La drogue, la prostitution, les revues et cassettes pornographiques existent déjà en Afrique en général et au Ghana en particulier, mais ce n'est pas pour cette raison que tout le monde se drogue ou se prostitue.* » C'est la raison pour laquelle, même si l'on est conscient des risques, des mesures autoritaires ne doivent pas être mises en place, car « *les pays favorables à la réglementation seront les pauvres de demain en matière de nouvelles technologies, tout comme les pays qui avaient une réglementation sévère en matière de commerce sont devenus les États pauvres d'aujourd'hui* ». Dans une certaine mesure, des logiciels de censure, de toutes façons inopérants, peuvent être nuisibles à l'évolution. « *On sait bien par exemple que c'est la pornographie qui a permis de développer les techniques de transmission (*streaming technology*). S'il n'y avait pas eu de pornographie sur Internet, le mode de transmission utilisé dans les visioconférences n'aurait peut-être pas existé...* »

LES ENJEUX ÉTHIQUES RELIÉS AUX COÛTS ET AU FINANCEMENT D'INTERNET

- *Internet est un outil complexe qui nécessite de gros investissements financiers. Même si l'importance de l'infrastructure en communication est maintenant reconnue, la concurrence est grande avec les autres priorités d'investissement (hôpitaux, routes...).*
- *On peut considérer que l'intégration d'Internet renforce l'endettement des pays en développement à cause de ses coûts élevés et du fait que la plus grande partie des équipements soit achetée en devises étrangères ($ ou FF).*

INTERNET PARMI D'AUTRES PRIORITÉS

À la question de savoir si Internet est en concurrence avec d'autres priorités d'investissement, les réponses positives et négatives sont à égalité, soit 42,8 %. Ceux qui ont un avis favorable trouvent qu'Internet n'est pas une priorité pour le gouvernement ghanéen en ce moment. Les crédits consacrés à Internet sont insuffisants. Ces gens évoquent aussi le mauvais état des infrastructures de télécommunication pour expliquer le manque d'intérêt des populations pour cet outil. Ils reconnaissent néanmoins qu'Internet couvre presque tous les secteurs d'activités d'un pays ; de ce fait, les secteurs prioritaires en matière de développement ne peuvent pas se passer de l'usage d'Internet, en particulier dans les grands hôpitaux ou dans le domaine des relations avec des organismes nationaux et internationaux. Ceux qui émettent un avis défavorable estiment qu'Internet non seulement n'est pas en concurrence avec les autres priorités d'investissement, mais qu'au contraire c'est une technologie qui vient appuyer les autres secteurs d'activités (hôpitaux, routes...), car l'efficacité sur le plan économique est un de ses grands avantages. Internet comporte des aspects positifs, au nombre desquels il y a la flexibilité, une plus grande efficacité et la réduction des coûts de gestion.

QUELQUES CHIFFRES

Ici 28,5 % des personnes interviewées pensent souvent aux problèmes que peut poser l'introduction d'Internet, surtout dans les autres secteurs d'activités. Par contre, 71,4 % n'ont pas répondu à la question.

On constate un vide en matière de politique gouvernementale sur les communications. Les lignes téléphoniques sont la principale voie d'accès à Internet et il se trouve que le réseau téléphonique n'est pas très développé. Internet offre plusieurs possibilités dans les domaines de l'agriculture, de la médecine et de l'éducation, et il est souhaitable d'avoir les moyens d'utiliser pleinement ces possibilités.

Par ailleurs, 28,5 % des personnes interrogées disent pouvoir agir et pensent avoir une marge de manœuvre quant à la vulgarisation d'Internet au sein de la société en utilisant leurs prérogatives de conseiller des décideurs du gouvernement ; 14,2 % ne peuvent pas agir vu leur position. Enfin, 57,1 % n'ont pas donné de réponse sur les moyens d'action.

Les gens souhaitent que l'État appuie la plupart des ministères et des entreprises en vue de leur connexion. Il devrait permettre et accepter les soutiens externes (bailleurs de fonds) car il serait très difficile pour le Ghana de s'en sortir en recourant uniquement à ses propres ressources. Par ailleurs, les gens estiment que si les contraintes techniques liées aux infrastructures de télécommunication sont résolues, les coûts d'utilisation d'Internet baisseront : 42,8 % sont de cet avis, 14,2 % pensent que cet impact sera faible et 42,8 % n'ont pas fourni de réponse à la question. De façon précise, nos interlocuteurs pensent que si les acteurs de la filière informatique étaient unis et parlaient d'une seule voix au gouvernement, l'impact serait encore plus important. Malheureusement, les questions sont soulevées individuellement dans le secteur privé ; leur portée est par conséquent limitée.

Tout le monde fait remarquer qu'une attention toute particulière est dévolue au développement des infrastructures. L'entreprise nationale de télécommunication a été privatisée en vue de la rendre plus opérationnelle et d'obtenir davantage de lignes. Quoique l'accent ne soit pas directement mis sur Internet, le développement de l'infrastructure téléphonique favorisera son essor.

LES ENJEUX ÉTHIQUES RELIÉS À L'IMPLANTATION SOCIOTECHNIQUE D'INTERNET (RÉSISTANCES, USAGES)

- *L'implantation d'Internet au pays n'est pas chose facile parce que toutes les conditions (scolarisation, identification des besoins...) ne sont pas toujours réunies.*
- *On dit souvent à ce sujet, par exemple, que le Nord transfère ses technologies vers le Sud pour des raisons pécuniaires, pas nécessairement parce qu'il y a un réel besoin.*

DÉVELOPPEMENT INÉGAL D'INTERNET

Ici 85,7 % des personnes interrogées partagent l'opinion exprimée dans cette spéculation. En effet, le niveau de scolarisation est un facteur expliquant cette situation, car les populations rurales, qui ne savent ni lire ni écrire, ne peuvent par conséquent utiliser Internet. Il faut relever également que le pouvoir d'achat des gens est très faible, alors que le fonctionnement d'Internet requiert des équipements de base, tels les ordinateurs, les modems et un réseau téléphonique qui fonctionne. Tous ces éléments sont hors de portée des gens. Il faut souligner aussi que le réseau téléphonique ghanéen ne fonctionne pas bien en ce moment, ce qui est un handicap sérieux pour le développement d'Internet. Au total, seulement 14,2 % des personnes interrogées pensent souvent aux conditions d'implantation d'Internet, tandis que 85,1 % n'ont pas fourni de réponse à la question.

Presque tous les éléments requis pour une bonne appropriation d'Internet existent, mais ils ne donnent pas satisfaction. Au niveau de l'efficacité attendue, le problème se pose fondamentalement pour les lignes téléphoniques et les ordinateurs requis. On constate que les infrastructures (téléphoniques) sont actuellement en train d'être développées et étendues aux zones rurales. Après cela, il serait bon que, concernant la question de l'éducation, soient examinées les actions à mener par le gouvernement, le secteur privé et les parents pour intensifier la formation et la sensibilisation afin de favoriser l'accès à Internet. La sensibilisation et l'éducation par le truchement des journaux sont préconisées.

Par ailleurs, 57,1 % des personnes interrogées affirment que les solutions qu'elles préconisent auront un impact important, sinon très important, sur les conditions d'implantation d'Internet. Mais 42,8 % n'ont pas répondu à la question. Enfin, 57,1 % estiment que le processus d'implantation d'Internet aura une répercussion modérée sur leur institution. En résumé, le secteur privé attend que le gouvernement mette l'infrastructure en place avant d'agir.

LES ENJEUX ÉTHIQUES RELIÉS AU POUVOIR POLITIQUE

- *Internet est une aide indispensable pour l'exercice du pouvoir politique dans certains pays.*
- *Par exemple, on s'est aperçu que c'est dans l'administration, les douanes, les contributions, la sécurité, qu'on a commencé à implanter les ordinateurs et les réseaux, avant que cela ne se généralise.*

INTERNET AU SERVICE DE L'EXERCICE POLITIQUE

La moitié des personnes interrogées (50 %) n'ont pas souhaité répondre à la question de savoir si « Internet peut devenir une aide indispensable pour l'exercice du pouvoir politique dans un pays tel que le Ghana ». Ceux qui ont proposé des réponses semblent avoir quelque peu détourné le sens fondamental de la question. C'est ainsi qu'un haut fonctionnaire déclare qu'« *Internet s'applique à tous les domaines de la vie. En raison de son caractère flexible et efficace, cet outil s'avère utile à l'administration, au monde des affaires, aux individus.* » Un peu comme si l'utilisation d'Internet par « le pouvoir » était du même type que l'usage du réseau fait par le milieu des affaires ou les individus. Le directeur général d'une entreprise privée ne répond pas vraiment à la question non plus lorsqu'il énonce : « *Internet est beaucoup plus utilisé dans le secteur privé que dans le secteur public. Dans la plupart des pays africains, le secteur public n'est en train de s'informatiser que depuis peu.* » Les informateurs qui ont évoqué cet aspect sont tous d'accord sur ce point. Beaucoup utilisent toujours des systèmes mécaniques. Pour ces raisons, de nombreux documents ne sont pas conservés. Il semble que l'on ne se soucie pas assez de l'archivage. Certains regrettent donc qu'une partie de la mémoire du pays disparaisse chaque jour. Sur le marché ghanéen, le secteur privé est au premier plan : « *Internet n'est donc pas aux mains du gouvernement.* »

Peu d'informateurs ont déclaré être préoccupés par le fait que le gouvernement pourrait utiliser « l'arme Internet » pour surveiller le peuple ghanéen. Cette question vient peu souvent à l'esprit des personnes interrogées. Le mythe du *Big Brother* n'a visiblement effleuré l'esprit de personne. Il semble difficile d'en comprendre les raisons. Les hypothèses suivantes peuvent être avancées : Internet est si peu développé qu'on ne peut imaginer les débordements possibles ; les utilisations privées seront complètement maîtrisées avant que l'administration et l'État ne soient complètement informatisés ; le gouvernement actuel ne donne aucun signe de totalitarisme informatique. « *D'ailleurs, le gouvernement a un site Web mais il n'est pas souvent mis à jour* » et « *l'administration utilise peu cet outil ; elle met beaucoup de temps à l'adopter* ». Mais aucun informateur ne donne son point de vue. On ne peut donc appréhender quelle hypothèse pourrait être vérifiée. Seules les personnes travaillant dans les ministères pensent avoir la possibilité d'agir pour que le réseau ne soit pas mis au service de l'État pour la surveillance des citoyens. Comme on l'a dit, les entreprises privées ne craignent rien quant à cet aspect des choses et les personnes interrogées ne perçoivent aucun risque de ce type : ce problème « n'existe pas » au Ghana. On ne pense pas davantage que ce pourrait être le cas au sein des entreprises dont les employés seraient « surveillés ». De même, il n'est pas envisagé que certaines entreprises commerciales enregistrent des données individuelles de telle sorte que les citoyens deviennent uniquement, pour elles, des cibles publicitaires ou des consommateurs « à convaincre ».

Aucun de nos informateurs ne préconise de solutions spécifiques pour empêcher que ces technologies ne soient des instruments entre les mains du pouvoir, puisque pour eux ce problème ne se pose pas. De même, aucun informateur ne voit de lien entre ses activités professionnelles ou privées et le fait que le gouvernement puisse exercer une surveillance spécifique par l'utilisation du réseau.

LES ENJEUX ÉTHIQUES RELIÉS À L'ORGANISATION ÉCONOMIQUE

- *Internet favorise le développement de plus grosses entreprises nationales et multinationales.*
- *Par exemple, les premières à s'informatiser, après l'administration publique, sont les entreprises nationales qui dépendent de l'État.*

Sur cette question, 71,4 % des personnes rencontrées se disent d'accord avec cette spéculation ; pour elles, ce sont les grosses entreprises nationales et internationales qui ont les moyens d'accéder à Internet. Mais cela n'implique pas que les PME n'en ont pas besoin. Les entreprises locales se rendent compte que l'outil Internet est un moyen de diffusion ayant un bon rapport coût/efficacité en matière de marketing. Une proportion de 28,5 % des interviewés n'ont pas répondu à la question. Par ailleurs, 42,8 % pensent souvent au problème d'accès à Internet par les PME ; 57,1 % n'ont pas répondu. L'objectif principal ici est d'œuvrer à ce que tout le monde utilise Internet dans ses activités quotidiennes. C'est une question préoccupante pour les autorités ghanéennes.

En outre, 57,1 % des personnes interrogées pensent pouvoir agir pour la promotion d'Internet au sein des PME, contre 14,2 % qui disent n'avoir aucune marge de manœuvre et ne peuvent pas agir ; 28,5 % n'ont pas répondu.

La communauté d'Internet et le gouvernement devraient éduquer davantage le public pour qu'il prenne mieux conscience de la question. Différentes PME pourraient partager les frais de création d'un site Web en se regroupant sous un seul nom. Beaucoup de petites entreprises auraient ainsi la possibilité de « se vendre » à l'extérieur à coûts réduits. Pour cela il faudrait que les besoins en électricité et en téléphone soient couverts et que l'on se penche sur la question des coûts du matériel.

Seulement 14,2 % des personnes interrogées voient un impact important dans la solution proposée, car celle-ci est positivement appréciée par une grande partie du public concerné. Les PME se rendent compte qu'Internet est la voie de l'avenir et celle-ci doit être entretenue. Cependant, 85,7 % n'ont pas répondu à cette question. Par ailleurs, 28,5 % des personnes interrogées prévoient une répercussion modérée de l'évolution des PME dans Internet sur leurs entreprises ; 14,2 % ne s'attendent à aucune répercussion ; 57,1 % n'ont pas répondu.

CONCLUSION

Cette suite logique de déclarations ne surprendrait pas autant si nos informateurs étaient exclusivement des hauts fonctionnaires ou des responsables travaillant dans les ministères. Mais tous les types d'acteurs ont été interrogés et l'on s'étonne de constater que même dans certaines professions « à risque », dans la presse par exemple, aucune inquiétude ne se manifeste. Ces entreprises pratiqueraient la stratégie de détournement. C'est-à-dire que si une censure gouvernementale était appliquée, ce qui est difficile sur le réseau, « *on trouverait un autre site, ici ou ailleurs, pour faire entendre sa voix* ».

En fait, le réseau est trop peu développé pour avoir déjà permis une prise de conscience de certains dangers. Pour l'instant, avec la bénédiction de l'État, c'est presque exclusivement le secteur privé qui dynamise la propagation d'Internet au Ghana. Le secteur public s'informatise depuis peu. L'administration travaille de plus en plus avec les grosses entreprises qui fournissent du matériel ou des services. On dénote une très nette volonté d'un développement d'Internet en partenariat et non par des mesures étatiques autoritaires et hiérarchisées. Et comme dans les autres pays visités, le développement du réseau est tributaire de l'avancée d'autres infrastructures tels que l'électricité et le téléphone. Comme ailleurs aussi, les personnes interrogées insistent sur le nécessité absolue d'envisager tout type d'action qui réduirait les coûts du matériel (des mesures douanières, par exemple) et de baisser le coût d'accès au réseau par des décisions de politique locale et des ententes internationales, par exemple. Un programme visant à développer une utilisation communautaire du réseau serait le bienvenu. Il pourrait s'agir de l'installation de télécentres publics ou de cybercafés bénéficiant d'une aide gouvernementale qui ne restreindrait pas la liberté des entreprises privées concernées.

CHAPITRE VI

Le Sénégal

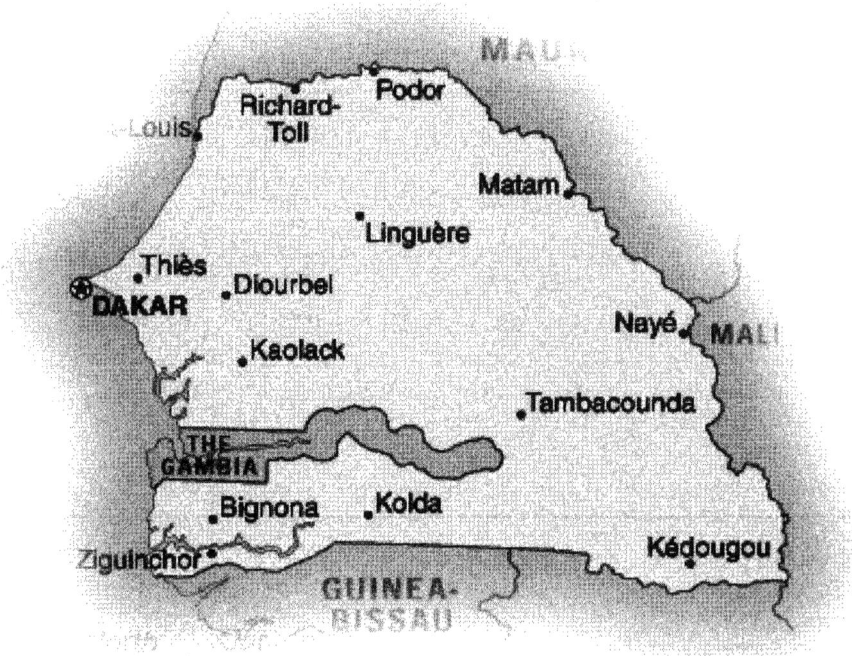

Les enjeux éthiques reliés à l'exclusion et à l'inégalité

- *Internet creuse un écart entre les individus, les organisations et les pays en ce sens que ceux qui ont déjà les connaissances et les moyens financiers en profitent plus que ceux qui n'en ont pas.*
- *On constate que l'informatiquement illettré, les groupes de non-consommateurs et les territoires sous-équipés en moyens de communication sont les exclus du réseau.*

Internet, au service des plus favorisés seulement ?

La quasi-totalité des personnes interrogées pensent qu'Internet creuse un écart entre les individus, les organisations et les pays selon que l'on est ou non utilisateur du réseau. Quelle que soit la nature de l'exclusion, elle est considérée comme nocive en soi et entraîne souvent des débordements d'ordre individuel et collectif (soulèvements populaires dus aux frustrations). Ce fossé comporte tous les aspects : financiers, intellectuels, sociaux... ainsi qu'on le verra dans le développement suivant. Il est d'autant plus redoutable que des techniques antérieures à Internet ont déjà contribué à accroître les inégalités et que celles créées par le réseau s'ajoutent aux précédentes.

Certaines personnes pensent néanmoins que les populations touchées par Internet peuvent être relativement plus nombreuses que celles qui ont été écartées par l'arrivée d'autres nouvelles techniques d'information, de communication et de savoir, dans la mesure où la nature même d'Internet favorise une certaine pratique collective du réseau. C'est la raison pour laquelle « *il faut commencer par la connexion d'établissements* » (scolaires, universitaires, de « formation ») avant de faciliter les utilisations individuelles si les choix se posent en ces termes. Les « marginalisés » ne seront donc peut-être pas tout à fait les mêmes selon l'outil considéré.

SOUS QUELS ASPECTS ?

Ces considérations viennent « souvent » à l'esprit de la population expérimentale. Plusieurs raisons peuvent favoriser l'existence de ce fossé. Tout d'abord le fait que l'État ne joue pas le rôle qui lui incombe, aussi bien dans la sensibilisation des populations que dans l'installation des infrastructures nécessaires à l'utilisation d'Internet. Ceux qui veulent trouver des circonstances quelque peu atténuantes à la classe politique font état des difficultés particulières auxquelles doivent faire face la plupart des pays africains. L'utilisation d'Internet implique bien d'autres conditions en amont. Si elles ne sont pas remplies, elles entravent, voire empêchent la mise en place de tout dispositif informatique. Avant tout, il faut en effet disposer de l'électricité, bénéficier de locaux adaptés au matériel informatique, c'est-à-dire protégés des tempêtes de sable, des températures trop élevées, des périodes trop humides et des variations climatiques trop brutales. Ces précautions ne sont évidemment à l'ordre du jour qu'après qu'il ait été pourvu à des nécessités encore plus fondamentales. L'installation de l'électricité et la régularité de son approvisionnement font partie des besoins qui sont encore très loin d'être satisfaits en Afrique. Comme toujours dans ce genre de circonstances, les personnes interrogées évoquent le fait que l'État n'y consacre pas le budget qu'il conviendrait et que les choix financiers effectués par les décideurs politiques ne sont pas nécessairement les plus judicieux.

Un autre aspect financier concerne l'importance des taxes diverses appliquées à ces équipements. Ils sont déjà « *très chers parce qu'ils viennent du Nord* » ; l'État devrait donc se limiter à des taxes mineures, voire ne prélever aucun impôt. Une telle décision contribuerait à aider au développement de l'informatique et de la pratique d'Internet. D'autres personnes évoquent le monopole des télécommunications qui nuit à l'utilisateur puisque aucune concurrence ne contribue à faire diminuer les tarifs de connexion, par exemple. En ce sens les conditions commerciales locales ajoutent une pénalisation supplémentaire à celle qui vient du fait que les prix des matériels étrangers sont loin d'être alignés sur les revenus autochtones. Et au sein même des pays visités, les populations ne bénéficient pas d'une réelle égalité face au phénomène Internet : les urbains « *ont plus de chance que ceux qui vivent dans les villages* ». Et parmi les citadins, tous ne bénéficient pas des mêmes facilités. De ce point de vue, on relève une certaine symétrie avec les autres pays : même dans ceux qualifiés de « développés », tous les citoyens sont loin d'être égaux face à l'appropriation des nouvelles technologies et aux possibilités financières de disposer des matériels requis.

Nos interlocuteurs ont par ailleurs tout à fait conscience que l'arrivée des machines et des moyens nécessaires à leur fonctionnement ne réglera pas tous les problèmes. C'est alors que d'autres considérations revêtent une ampleur plus générale : la nécessité de formateurs. Ce qui soulève une question d'ordre didactique : peut-on assurer un enseignement spécifique de l'utilisation d'Internet indépendamment d'une scolarisation de base ? Doit-on « passer » directement à l'étude des langues étrangères comme le français ou l'anglais pour avoir accès au réseau et délaisser les langues locales qui n'apparaissent pas sur Internet ? Méthodologiquement les avis divergent. Certains pensent qu'Internet peut fournir l'occasion d'une alphabétisation même dans les régions où elle est encore balbutiante, un peu comme l'enseignant de sciences naturelles saisit l'arrivée du printemps pour expliquer le renouveau de la nature, la photosynthèse, la théorie des cycles, etc. D'autres estiment qu'Internet est « prématuré » si l'on tente d'en enseigner l'utilisation avant une alphabétisation répandue, comparable à la situation des pays du Nord. À l'analphabétisme général s'ajoute l'« analphabétisme technique ». C'est aussi le cas dans les pays développés où des individus lettrés éprouvent de réels blocages psychologiques ou intellectuels lorsqu'ils doivent passer par une médiation technologique. La maîtrise de l'outil, ou son absence, comporte donc d'autres aspects que ceux liés au financement ou aux capacités intellectuelles. Pour certains, le fait que les pays du Sud ne sont pas concepteurs de programmes nuit aussi à la maîtrise de l'outil puisque la réalisation d'un contenu implique la mise en action de certains schèmes cognitifs. Ces derniers sont connus des uns et ignorés des autres.

Il s'agit là évidemment de problèmes de fond sur lesquels nous reviendrons ultérieurement, d'autres réponses appelant le même type de considérations. Très rares sont ceux qui relativisent la nature ou l'importance du fossé creusé par l'appropriation ou non des nouvelles technologies. Ces personnes font valoir le fait que le réseau est aussi un gigantesque moyen de rapprochement... entre les individus et les peuples.

QUELS MOYENS D'ACTION ?

Parmi les personnes interrogées, un certain nombre estiment pouvoir, et même devoir, agir pour combler l'écart mentionné plus haut. Tout dépend, en fait, de la profession exercée. Les enseignants, les responsables pédagogiques, les formateurs de toute nature incluent dans leur tâche à la fois la vulgarisation d'Internet et la mise en garde contre ses méfaits potentiels. Les journalistes se déclarent aussi extrêmement concernés par ces aspects et disent faire de leur mieux pour informer leurs lecteurs. Certains titres publient régulièrement une Rubrique, parfois même un Dossier. À l'image de ce qui s'est passé dans les pays du Nord au début du processus d'informatisation des entreprises ou de l'arrivée d'Internet, ce sont en général les plus motivés ou les plus « bidouilleurs » qui se lancent dans l'étude et l'analyse critique du phénomène. C'est grâce à ces mêmes journalistes « de l'écrit » que l'entreprise de presse dispose d'un site. Les responsables des grandes institutions de l'État, comme les Postes, les ministères, etc., disent œuvrer pour que les employés dont la fonction le justifie disposent d'un ordinateur et soient connectés à Internet. Selon les déclarations recueillies, certaines administrations bénéficient d'un réseau local de type intranet.

La classe politique se déclare aussi très soucieuse « *de ne pas rater ce train-là* » qui apparaît à certains comme « *celui de la dernière chance pour ne pas rester définitivement au ban du développement* ». Dans la réalité, il semble évidemment plus difficile de mesurer l'écart éventuel entre les déclarations et la pratique. Tous les interlocuteurs politiques sont bien conscients de la série d'obstacles à franchir et déclarent que « *tous les secteurs sont prioritaires* » : l'électricité, l'alphabétisation, la santé... La diffusion de l'ordinateur et l'arrivée d'Internet sont envisagées comme un moyen unique d'aider au développement global. L'énergie et les machines étant fournies, seraient alors possibles l'enseignement à distance, la télémédecine, la formation agraire, l'information commerciale (cours de la bourse des matières premières produites localement), etc. Tout ceci ne semble pas pouvoir être systématiquement envisagé sans formateurs locaux, et qui plus est, spécialistes de ces différentes questions. Or ces derniers manquent cruellement aussi.

Les « simples » utilisateurs, c'est-à-dire ceux qui ne jouent pas un rôle de médiateur, ne se sentent pas en mesure d'influer sur le phénomène Internet dans leur pays, encore moins en dehors, à l'échelle continentale ou mondiale. Ils disent avoir « *peu de marge de manœuvre* » surtout quant à l'aspect financier. Pourtant ils aimeraient bien « *pouvoir faire des suggestions aux décideurs* » et leur dire notamment qu'« *il faut commencer par les étudiants et les jeunes* ».

SOLUTIONS PROPOSÉES

Certaines de ces déclarations anticipent les réponses à la question suivante portant sur les solutions spécifiques préconisées pour empêcher ou, au moins, diminuer cet écart qu'Internet contribue à créer entre les individus, les organisations et les pays. La majorité des personnes interrogées pensent qu'il faut avant tout que l'État mette tout en œuvre pour « *agir sur les coûts afin de les réduire* ». L'autre recommandation serait d'« *ouvrir des télécentres communautaires partout* » et d'« *introduire Internet dans les écoles et les universités* ». La presse est très souvent citée comme une aide indispensable à la vulgarisation. Elle devrait multiplier les « dossiers » pour dispenser un certain savoir-faire et publier des informations qui contiendraient des mises en garde contre certains dangers du réseau. Partout où c'est possible, il faut « *développer une culture de la recherche* ». Des interlocuteurs préconisent de développer l'oralité au niveau mondial pour « *coller à certaines cultures* ». Des recherches techniques sur le vocal pourraient constituer une grande avancée qui bénéficierait à l'ensemble des utilisateurs d'Internet. De même, il devrait y avoir davantage de collaboration Sud-Sud et Nord-Sud.

La grande majorité de la population expérimentale pense que si toutes ces solutions voyaient le jour, elles auraient un impact très important. Les autres personnes sont plus dubitatives. Selon elles, il faudrait bien d'autres réalisations pour que le fossé se réduise, car dès qu'un besoin est comblé, d'autres nécessités apparaissent si les usages se développent ; bref « *on est toujours en retard* ». Néanmoins, si les solutions proposées pouvaient se réaliser, elles régleraient plusieurs problèmes simultanément : les infrastructures seraient réalisées en même temps que le réseau !

RÉPERCUSSIONS POSSIBLES DE L'ÉCART D'UTILISATION SUR D'AUTRES INTERVENANTS

Pour certains, si rien n'est fait, l'écart ne cessera de se creuser et les répercussions seront très fortes. Pour d'autres, le lien n'est pas direct entre l'existence de ce fossé et ceux qui s'approprient Internet. En effet, pour la plupart des personnes interrogées, les utilisateurs du réseau ne sont pas représentatifs de l'ensemble de la population : « *ils vivent dans leur monde à eux* ». Ainsi il n'y a plus de « classe ». Par exemple, l'ensemble des étudiants ne constitue plus une unité. Au contraire, il y a « *ceux qui utilisent Internet* » et « *les autres* ». Le réseau a ainsi contribué à créer des inégalités. Il recoupe d'autres liens de convergence et d'assimilation. La majorité des personnes interrogées pensent qu'il faut être vigilant à ce qu'Internet ne constitue pas une nouvelle « élite » qui serait « intellectuelle et technique », car « *les exclus pourraient être victimes de trois* « couches de domination » *: les dirigeants, les riches – les riches ne sont pas forcément intéressés par Internet – et l'élite technico-intellectuelle* ».

Comme on le voit, même si les personnes interrogées attribuent au réseau un certain nombre d'avantages, elles sont relativement critiques par rapport aux inconvénients. Comme certaines d'entre elles le disent, « *puisque nous sommes en retard, utilisons l'expérience de ceux qui nous ont précédés pour ne pas reproduire les mêmes erreurs* ». Qu'en sera-t-il ?

LES ENJEUX ÉTHIQUES RELIÉS À LA DIMENSION CULTURELLE (CONTENUS VÉHICULÉS PAR INTERNET)

- *Internet favorise l'intrusion de contenus qui viennent principalement des pays développés dans les pays en développement.*
- *Par exemple, Internet représenterait une porte ouverte à la pornographie.*

DE L'HÉGÉMONIE DU NORD SUR INTERNET ?

La grande majorité des personnes interrogées reconnaissent que la plupart des contenus diffusés en Afrique proviennent des « pays du Nord ». Pour certains interlocuteurs, les connexions avec les sites à caractère pornographique sont trop faciles, « *et plus grave encore, ils peuvent favoriser le tourisme sexuel* ». On notera, tout au long des réponses, la grande attention apportée par nos interlocuteurs à la « qualité » des contenus. Nos informateurs sont visiblement très préoccupés par la nature de ce que produit « le Nord » où la morale, l'éthique et la déontologie semblent de plus en plus malmenées. Ce sont des considérations auxquelles pense « *souvent* » la population expérimentale. Elle insiste sur le fait qu'« *il y a vraiment trop de sites pornographiques et pédophiles* » et qu'il faudrait tout mettre en œuvre pour protéger les enfants, surtout. On constate les mêmes préoccupations en France, comme le montrent les résultats d'un récent sondage. En effet, lors du congrès de la Fédération des parents d'élèves de centre gauche (FCPE), tenu les 3 et 4 juin 2000, 74 % des parents présents ont déclaré redouter l'utilisation libre d'Internet par leurs enfants de crainte qu'ils ne fréquentent des sites pornographiques, pédophiles ou négationnistes. Mais nos interlocuteurs reconnaissent que c'est très difficile dans les conditions actuelles car, d'une part, il n'y a pas de législation – ou bien il est aisé de la contourner –, et, d'autre part, il est trop facile de se connecter sur ces sites. De ce point de vue, quelques personnes se réjouissent que tout le monde n'ait pas accès à Internet... Pour elles, ce sera bien pire lorsque le réseau s'étendra partout car il y aura encore plus de sites de ce type. Les contrôles s'avéreront donc d'autant plus difficiles, alors que parallèlement « *il y aura toujours davantage de personnes « intéressées » à créer ce genre de sites* ».

DES MOYENS D'ACTION LOCAUX

On se trouve donc en pleine contradiction, car on peut se réjouir de la grande liberté de communication que permet le réseau et « *tout le monde doit y avoir accès* ». *A contrario*, l'absence de contrôle autorise tous les abus et les perversions que l'on connaît. La plupart des interlocuteurs entrevoient difficilement des solutions à cet état de fait et le regrettent amèrement. Ils redoutent d'autant plus « *une nouvelle abdication* » qu'elle s'est déjà produite à propos des programmes de télévision, car en effet ces derniers « *viennent majoritairement « d'ailleurs » et ce sont ceux que l'on « consomme » le plus* ». Certains affirment qu'il faut se battre pour que les contenus soient de bonne qualité, mais voient mal comment s'y prendre. Deux courants se dessinent alors. L'un, très résigné, abdique devant les difficultés car le phénomène est déjà irréversible et « *il y aura toujours des sites pervers* » ; l'autre courant, souvent à partir du même constat, veut influer sur les contenus « *réels* » ou « *nobles* ». Nos interlocuteurs pensent que si les Africains en avaient davantage la volonté ils pourraient proposer eux-mêmes plus de contenus sur l'Afrique, ses conditions de vie, ses richesses culturelles, ses spécificités, sa culture en général, etc.

Les plus réalistes, peut-être, avancent que « les pays du Nord » ne s'adapteront pas aux différentes cultures et que les contenus « venant de chez eux » seront toujours quantitativement dominants. « *Il n'y aura jamais une information symétrique et réciproque* », déclarent quelques interlocuteurs. En conséquence, « *il vaut mieux apprendre à gérer ce qui est envoyé* ». On sait, en effet, que selon le dernier rapport de la Banque mondiale, l'Afrique ne représente que 2 % des échanges internationaux et sa part dans les exportations de produits manufacturés est quasi nulle. Ce n'est que dans les réponses ultérieures qu'apparaîtra la nécessité d'englober dans l'apprentissage d'Internet son analyse critique.

COMMENT PRÉSERVER SON IDENTITÉ ?

Individuellement, tout le monde se sent « écrasé » par le problème. Selon la profession exercée, les personnes interrogées en appellent à une prise de conscience commune. C'est le cas des éducateurs, au sens large du terme, et des journalistes, par exemple. Pour les autres, ce sont surtout les politiques et les décideurs locaux que l'on implique. Mais très rapidement, plus ou moins explicitement, Internet apparaît dans sa dimension planétaire.

Un clivage se dessine alors entre les opposants et les sympathisants du régime en place. Les premiers rejettent l'ensemble des responsabilités sur leurs propres dirigeants « *qui n'y connaissent rien* » ou qui « *s'en foutent* », trop occupés qu'ils sont « *à bien vivre* ». À cette occasion, de mission en mission, on peut se rendre compte que les populations sont beaucoup plus conscientes qu'autrefois de l'existence de la corruption et des ravages qu'elle peut engendrer. « *Selon un rapport des Nations Unies la corruption coûte extrêmement cher, particulièrement en Afrique où 30 milliards de dollars d'aide internationale ont été détournés. De son côté, la Banque mondiale estime que la corruption peut réduire le taux de croissance d'un pays de 0,5 % à 1 point par an. Alors le constat est unanime : la bonne gouvernance est le « chaînon manquant » entre la lutte contre la pauvreté et sa réduction effective*[1]. » Les décideurs sont alors classés en deux catégories : « *ceux qui n'y connaissent rien* » et ne peuvent donc pas prendre de décisions adéquates et ceux qui sont conscients mais qui n'édictent aucune mesure d'aucune sorte pour faire entendre « la voix de l'Afrique ». Le sympathisant du régime en place, dans sa volonté de disculper les autorités, leur transfère sa propre impuissance à influer sur cet état de fait. « *Même le chef de l'État n'y peut rien* », puisque Internet est mondial.

SOLUTIONS PROPOSÉES

Partisans et adversaires du régime en place se retrouvent néanmoins globalement devant deux solutions qui sont données comme idéales si elles étaient réalisables : *réglementer* au niveau international et *installer des filtres* au niveau national. La très grande majorité des personnes interrogées se prononcent donc pour une *réglementation mondiale*. Les expressions employées sont très variées : *discipline mondiale, volonté collective, prise de conscience internationale, réglementation planétaire*, mais il s'agit là d'une conviction quasi uniforme qui apparaît très forte et s'exprime d'un ton ferme. Puisque domination il y a, « *en contrepartie* » les pays du Nord pourraient *au moins* installer les filtres demandés par les pays du Sud. Mais à ce point des réponses, surgissent de nombreuses interrogations :

- Est-il envisageable d'installer un filtre selon les desiderata de chaque pays africain ?
- S'il s'avère trop difficile d'établir un cas par cas, les pays africains s'entendront-ils ?

On sait que certains pays se sont regroupés au sein de l'Union économique de l'Afrique de l'Ouest (UEMOA) ou de la Communauté économique des États de l'Afrique de l'Ouest (CÉDÉAO). Il pourrait donc y avoir d'autres organismes fédérateurs créés pour la diffusion et la gestion d'Internet en particulier, et plus généralement des

1. Babette Stern, « L'Afrique est confrontée à une grave régression économique », *Le Monde*, 4-5 juin 2000 ; cet article fut écrit à la suite de la présentation du Rapport de la Banque mondiale : *L'Afrique peut-elle revendiquer sa place au XXIe siècle ?*, rendu public le 31 mai 2000.

nouvelles technologies de l'information, de la communication et des télécommunications : plusieurs interlocuteurs y ont fait allusion.

Selon quels critères le « filtre » sera-t-il installé ? Un très bon exemple est fourni par l'affaire de Yahoo ! France. Il s'agit d'un jugement demandé au tribunal correctionnel de Paris par trois associations antiracistes qui reprochent à ce prestataire de services de donner accès à des sites diffusant des objets nazis. Le 22 mai 2000, le juge des référés avait donné deux mois à la société pour formuler des propositions techniques interdisant l'accès aux sites incriminés[2]. « *Devant la justice française, Yahoo ! affirme l'impossibilité d'interdire l'accès à des sites illégaux* » : le titre de cet article signé par Acacio Pereira dans *Le Monde* du 26 juillet 2000 semble apporter une réponse à ce problème. L'audience eut lieu le 24 juillet. La nouvelle question qui se pose reprend l'interrogation du juge : « *Comment contraindre un prestataire technique, fournisseur d'accès ou d'hébergement, à mettre en place un moyen technique d'interdire l'accès à l'un de ses sites quand son contenu est en infraction avec la loi française ?* » Le sur-titre d'Acacio Pereira dans *Le Monde* des 13 et 14 août 2000[3] positionne bien les problèmes soulevés dans notre étude : « *Yahoo : Droit national contre réseau mondial* ». Le recours à un groupe de trois experts français, européen et américain qui devaient apporter la réponse le 6 novembre 2000[4] s'est conclu par un nouveau report du verdict !

Cette affaire semble fournir une réponse : pour préserver les législations nationales il **faut** se déconnecter du réseau mondial... avec toutes ses conséquences ! En dernier ressort, la demande adressée aux prestataires des pays du Nord ne pourrait émaner que d'un État, mais alors qui édicterait les critères, l'autorisé et l'interdit ? Il convient en tous cas de ne pas « *laisser ce travail* » aux pays du Nord car le problème est éminemment culturel. Le Japon est plusieurs fois cité comme « modèle » dans la mesure où il a su être à la pointe de la

2. Philippe Broussard et Enguerand Renault, « Le géant américain de l'Internet a jusqu'au 24 juillet pour formuler des propositions techniques », *Le Monde*, 24 mai 2000. Acacio Pereira, « Devant la justice française, Yahoo ! affirme l'impossibilité d'interdire l'accès à des sites illégaux », *Le Monde*, 26 juillet 2000.
3. Acacio Pereira, « Le juge des référés a ordonné, vendredi 11 août, une nouvelle expertise pour savoir s'il est techniquement possible d'interdire aux internautes français l'accès à un site d'enchères américain commercialisant des objets nazis », *Le Monde*, 14 août 2000.
4. Acacio Pereira, « Yahoo : des experts cherchent comment circonscrire l'accès à des sites délictueux », *Le Monde*, 8 novembre 2000.

modernité en ce qui concerne la production des matériels et des supports liés aux nouvelles technologies de l'information et de la communication tout en gardant ses valeurs traditionnelles et sa culture - au sens large du terme - spécifique. D'ailleurs, nos interlocuteurs réagissent différemment selon la typologie des contenus « répréhensibles ». S'il s'agit de sites pornographiques par exemple, ils n'entendent pas vraiment exercer une censure car « *chacun a le droit de se dépraver comme il l'entend* ». Les seuls utilisateurs à préserver systématiquement sont les enfants. En revanche, en ce qui concerne les sites pédophiles, négationnistes ou terroristes... « *ils sont à proscrire pour tout le monde, de même que tous ceux qui diffusent des contre-vérités historiques* ». Les autres sites « à contenus réels », ceux qui parlent de l'Afrique notamment, doivent avoir l'aval des Africains eux-mêmes. Quelle que soit donc la forme que pourraient prendre les négociations Nord-Sud sur ces sujets, l'Afrique devrait en être partie prenante pour éviter à nouveau qu'« *on enseigne aux Africains ce qui est bon pour eux, sans qu'ils soient consultés* ».

Ces réflexions pourraient d'ailleurs servir aussi aux pays du Nord, puisque, à l'inverse du Japon, la plupart d'entre eux sont entrés dans l'ère de la globalisation qui a conduit à l'homogénéisation de leurs cultures respectives. Certains interlocuteurs regrettent la perte de la culture environnante des pays du Nord qu'ils ont connue à l'époque où ils étaient étudiants. En ce sens, la modernité est loin d'apparaître comme un élément positif : elle fait « *produire et consommer des produits dits culturels réalisés sur le modèle américain dont la morale a disparu* ». Pour une partie de la population interrogée, le chantier ne se situe pas seulement en Afrique. Si « *le Nord est dans cet état* », c'est que l'éthique et la morale ne sont plus les premières préoccupations des sociétés. Un très petit nombre de personnes se demandent même, si pour l'Afrique la modernité est à ce prix, s'« *il ne vaudrait pas mieux ne pas y toucher* ». Certains se disent désespérés d'apprendre que l'on n'enseigne plus la morale dans les familles ni à l'école, alors que, plus que jamais, « *il faut enseigner dans le monde entier la probité intellectuelle et morale* ». Ces préceptes doivent être inculqués dès le plus jeune âge. Cette « sensibilisation » doit être constante et universelle. Même les pays du Nord devraient « *augmenter l'éducation générale, ce qui n'a rien à voir avec la culture générale* ». Il s'agit donc d'un problème de responsabilité individuelle pour les adultes, parentale au sein des familles, éducative à l'école, politique au niveau des directives nationales. Cette responsabilité individuelle est précisément, selon nous, le positionnement éthique de chacun face au changement technologique et certainement la valeur fondamentale et fondatrice de toute société viable[5]. Les multinationales, quant à elles, devraient aussi mesurer leurs responsabilités, mais leurs préoccupations semblent être exclusivement financières. C'est la raison pour laquelle, « *si les Africains étaient vraiment responsables, ils créeraient des contenus autochtones pour contrer les contenus non satisfaisants qu'ils reçoivent en provenance du Nord* ». Cette idée de juxtaposition est partagée par la majorité de nos interlocuteurs. C'est bien ce que signifiait aussi la déclaration du nouveau président de la République du Sénégal, Addoulaye Wade, le 24 mai 2000 : « *l'Afrique aux Africains ? Une conception dépassée*[6] ». La plupart des personnes interrogées pensent, en effet, que, d'une part, les Africains doivent avoir accès aux autres cultures du monde et que, d'autre part, la leur doit être connue et respectée. « *On peut conserver ses spécificités nationales même si l'on connaît les valeurs des autres pays* », nous dit-on. Plus on se connaîtra, plus on se respectera, mais « *la domination n'a jamais abouti à quelque chose de bien* » et l'impérialisme peut se cacher sous de nombreuses formes. En fait, si les pays du Nord ne s'imposent aucune loi, ils dictent cette absence de loi au reste du monde.

CONSÉQUENCES POSSIBLES

Comme on l'a vu, la grande majorité des personnes interrogées militent pour l'existence d'une réglementation mondiale qui garantirait une certaine « qualité » à ce qui circule sur le réseau. Ces mêmes personnes sont persuadées qu'une telle décision planétaire aurait un impact très important sur la qualité d'Internet et enlèverait de gros soucis aux parents, aux éducateurs et à tout citoyen. Mais ces dispositions ne peuvent être prises qu'en tenant compte du respect des libertés individuelles qui doivent être absolument préservées partout. Car Internet, dans son appellation même, signifie tisser un lien entre tous. Lorsqu'il y a connexion, les caractéristiques du réseau influent sur les relations entre les individus, au sein des entreprises, dans tous les organismes et même au gouvernement.

---

5. Voir à ce propos Patrick J. Brunet (dir), *L'éthique dans la société de l'information*, Sainte-Foy (Québec)/Paris, Les Presses de l'Université Laval/L'Harmattan, 2001.
6. Propos recueillis par Éric Le Boucher dans *Le Monde*, 25 mai 2000.

Comme pour toutes les utilisations, Internet présente un certain nombre d'avantages mais aussi de nombreux inconvénients. D'un point de vue positif, il favorise l'ouverture des esprits et la « rencontre » d'individus demeurant dans des pays lointains et très différents. Il permet d'enrichir les horizons et les débats et favorise la discussion avec des personnes qu'aucun autre moyen de communication n'aurait pu faire connaître. Pour les chercheurs ou pour toute personne qui veut se cultiver, Internet contient des banques de données immenses et variées qu'il faut un certain temps pour épuiser, d'autant plus qu'elles se renouvellent sans cesse. Il s'agit d'un outil incomparable pour l'éducation, la recherche et l'enseignement. Et les « lecteurs » sont devenus de plus en plus exigeants parce qu'ils bénéficient d'un nombre sans cesse croissant d'informations mises à leur disposition. Sans tenir compte des frais de connexion, il y a encore énormément de sources d'informations complètement gratuites qui touchent à presque tous les domaines. Les moteurs de recherche facilitent (relativement !) l'accès à cette immense documentation, d'autant plus précieuse en Afrique que les bibliothèques sont rares et mal dotées. On y trouve souvent des livres anciens et poussiéreux. Les indexations n'étant pas toujours bien faites, parfois on ne parvient pas à retrouver des ouvrages pourtant rangés « quelque part ». Trop peu de bibliothèques sont équipées de matériel informatique, qu'il s'agisse de lecteurs de microfiches ou *a fortiori* de terminaux Internet. Il est certain que la bibliothèque pourrait constituer un lieu d'apprentissage et d'utilisation collective idéale dans un pays où bien peu d'individus disposent d'un accès personnel au réseau. À quand l'accès à Internet pour tous ? Voilà l'un des enjeux du troisième millénaire !

Internet présente néanmoins des inconvénients « *très lourds* ». Il propose une logique de consommation bien peu adaptée à la situation des pays africains. Il véhicule de nombreux ingrédients de domination qui dépassent les seuls aspects culturels. À tous points de vue il s'agit d'un modèle dominant de type néocolonial. Il semble que le Nord, et plus particulièrement les États-Unis, installent sur le reste du monde une domination technique, alors que l'aide au développement qu'ils apportent ne cesse de s'estomper. On est bien loin de l'objectif que s'étaient fixé les nations industrialisées : consacrer 0,7 % de leur PIB aux pays les plus pauvres. Selon le dernier rapport de la Banque mondiale, « *cette aide n'a cessé de s'éroder, la palme revenant aux États-Unis qui y consacrent seulement 0,1 %*[7] ».

LES ENJEUX ÉTHIQUES RELIÉS AUX COÛTS ET AU FINANCEMENT D'INTERNET

- *Internet est un outil complexe qui nécessite de gros investissements financiers. Même si l'importance de l'infrastructure en communication est maintenant reconnue, la concurrence est grande avec les autres priorités d'investissement (hôpitaux, routes...).*
- *On peut considérer que l'intégration d'Internet renforce l'endettement des pays en développement à cause de ses coûts élevés et du fait que la plus grande partie des équipements soit achetée en devises étrangères ($ ou FF).*

QUELLE PRIORITÉ POUR INTERNET ?

Les réponses à cette question sont partagées : 50 % de oui et 50 % de non. Ceux qui pensent qu'Internet entre en concurrence avec les autres priorités d'investissement évoquent plusieurs raisons. Il y a les infrastructures de base telles le téléphone ou l'électricité à vulgariser en premier lieu. Il y a aussi les besoins essentiels des populations à satisfaire, notamment dans les domaines de la santé, de la sécurité alimentaire, de l'éducation, du logement, etc. Si ces préalables sont accomplis, Internet pourrait venir renforcer le développement et l'ouverture du pays sur le monde. « *Les pays africains dépendent des technologies des pays développés du Nord.* » Tout le matériel pour faire fonctionner Internet est importé et facturé en devises étrangères (FF ou $). Ce matériel ne peut pas être fabriqué actuellement en Afrique. Il y a donc des enjeux financiers. « *Il faut que le Nord amortisse ses coûts.* » En attendant, les coûts d'Internet sont élevés et les moyens financiers des gens sont réduits. Mais il serait dommage de renoncer aux énormes aspects positifs d'Internet pour des raisons de coûts. Alors il est proposé aux décideurs sénégalais de revoir les priorités, d'examiner de près les problèmes, « *de voir s'il n'y a pas lieu de renoncer*

7. Rapport de la Banque mondiale : *L'Afrique peut-elle revendiquer sa place au XXIe siècle ?* rendu public le 31 mai 2000.

à un certain luxe, à un certain train de vie du gouvernement, qui ont peu d'utilité pour les populations », et adopter cette nouvelle technologie. « *L'État seul peut décider si Internet doit être privilégié.* » Dans ce cas, il saura où réduire les dépenses pour injecter des fonds au développement d'Internet. Parmi les solutions, il faudrait d'abord diminuer le coût du téléphone afin de permettre son utilisation par le plus grand nombre. Ensuite, il y a l'électricité, les ordinateurs et les logiciels dont les prix sont exorbitants. Aussi, le coût d'accès à Internet (connexion) et celui des communications téléphoniques devraient être réduits. Les plus pessimistes disent qu'avant d'investir dans Internet, il faut d'abord se doter d'hôpitaux et d'écoles. Il s'agit en premier lieu de créer les infrastructures avant de penser à Internet.

D'autres raisons sont aussi invoquées par ceux qui ne pensent pas qu'Internet vient en concurrence avec les autres priorités d'investissement et ne renforce pas le fardeau de la dette. Selon les personnes interrogées, « *Internet est un outil et non un secteur* », qui vient aider les différents secteurs à se développer (télémédecine, téléenseignement, etc.). Les gens comprennent déjà qu'Internet est important pour le Sénégal. Ils préconisent donc que l'État investisse dans Internet car le résultat à long terme sera très positif. Internet est un outil qui peut permettre aux pays du Sud (africains) de faire des avancées décisives dans leur développement tout court. « *Internet est donc un besoin pour nos pays en ce moment.* » Certains voient Internet comme un secteur stratégique. Ils estiment que les enjeux sont tels que les gens ne doivent plus se poser des questions sur l'utilité d'Internet mais plutôt chercher les moyens d'accéder à cette technologie parce qu'Internet embrasse tous les domaines (éducation, santé, vie politique, économie...) et permet à chaque domaine d'améliorer sa gestion. C'est aussi un outil d'aide à la recherche et à l'éducation. Compte tenu du manque cruel de moyens financiers des pays africains, il serait judicieux, aux dires de nos interlocuteurs, de faire appel à l'appui des intervenants de la coopération technique bilatérale et multilatérale.

De façon générale, les gens ne pensent pas pouvoir agir sur le gouvernement pour rendre Internet prioritaire. Ils formulent seulement des souhaits : que l'État porte une attention particulière à cette technologie et prenne les dispositions nécessaires pour que le plus grand nombre de gens sache l'utiliser et en tirer profit. Certaines personnes interrogées pensent avoir une marge de manœuvre pour informer les décideurs sur la nécessité de démystifier les TIC (technologies de l'information et de la communication) et pour montrer que l'accessibilité aux TIC est affaire d'investissements qui ne sont ni élevés, ni disproportionnés. Elles disent « *pouvoir convaincre les décideurs que les TIC ne sont pas si complexes, si coûteuses et ne viennent pas en concurrence avec les autres investissements* ». C'est plutôt un outil complémentaire. Les gens des médias se proposent d'écrire des articles qui montreront l'utilité d'Internet pour le pays. Ces derniers souhaitent que le gouvernement intègre Internet dans son plan de développement. La réduction ou l'exonération des taxes sur le matériel des télécommunications, de l'électricité et de l'informatique peut inciter ou favoriser la promotion et la vulgarisation d'Internet auprès des populations. D'autres personnes pensent que l'État devrait aussi renforcer les capacités de recherche de ses institutions pour que les chercheurs et les étudiants trouvent des alternatives (logiciels, etc.) qui permettent à la population en général d'utiliser Internet.

Dans tous les cas, il y aura un accroissement du fardeau de la dette dans un premier temps. Dans un second temps, avec le gain d'efficacité et d'efficience que l'on peut attendre de l'utilisation des TIC en général et d'Internet en particulier, la tendance se renversera. L'utilisation des TIC devrait permettre d'alléger le fardeau de la dette à long terme, car Internet est un investissement durable qui sert de moteur de croissance. « *La technologie coûte cher mais son transfert du Nord vers le Sud est indispensable.* »

D'une manière générale, la plupart des gens interrogés pensent que si l'État agit, cela aurait un impact important sur le processus d'implantation d'Internet.

LES ENJEUX ÉTHIQUES RELIÉS À L'IMPLANTATION SOCIOTECHNIQUE D'INTERNET (RÉSISTANCE, USAGES)

- *L'implantation d'Internet au pays n'est pas chose facile parce que toutes les conditions (scolarisation, identification des besoins...) ne sont pas toujours réunies.*
- *On dit souvent à ce sujet, par exemple, que le Nord transfère ses technologies vers le Sud pour des raisons pécuniaires, pas nécessairement parce qu'il y a un réel besoin.*

La majorité de la population expérimentale considère que les conditions d'implantation d'Internet ne sont pas réunies, mais elle estime que la situation liée à Internet n'exige pas une identification des besoins ; il s'agit davantage d'un choix politique. Aussi, 31,8 % des personnes interrogées pensent souvent à ce problème des conditions d'implantation d'Internet dans le pays ; 13,6 % n'y pensent jamais et 4,5 % y pensent rarement. Enfin, 50 % des personnes ne se sont pas exprimées sur cette question.

Internet est perçu comme une technologie qui est utilisée aussi bien au Nord qu'au Sud et elle a fait ses preuves au Nord. Il n'y a pas une technologie qui soit bonne pour le Nord et qui ne l'est pour le Sud, et vice versa. Le Nord et le Sud ont des intérêts à préserver. La présence du Sénégal sur Internet participe de son souci de ne pas être marginalisé par rapport aux réalités d'un monde considéré comme un village planétaire. Il est donc de l'intérêt des pays du Nord d'aider les pays africains à s'arrimer à Internet.

Par ailleurs, 50 % des personnes interrogées pensent pouvoir agir sur les conditions d'implantation d'Internet, 18,2 % disent ne pas pouvoir agir sur ce problème, 31,8 % n'ont pas répondu à cette question.

Les solutions que l'on peut retenir selon les entretiens effectués sont de plusieurs ordres. Il faudrait :

- prendre des mesures pour réduire les coûts du matériel informatique, les coûts d'accès à Internet et des communications téléphoniques ;
- assurer la formation pour la prise en main de tout le processus d'implantation d'Internet ;
- encourager la création de pages Web pour diffuser les contenus locaux et pour intéresser les chercheurs, les artistes et les conservateurs de musée.

Ici 40,9 % des interviewés pensent que les solutions proposées auront un impact très important sur les conditions d'implantation d'Internet. Pour 45,4 % l'impact sera seulement important ; 13,6 % n'ont pas répondu à la question.

Les enjeux éthiques reliés au pouvoir politique

- *Internet est une aide indispensable pour l'exercice du pouvoir politique dans certains pays.*
- *Par exemple, on s'est aperçu que c'est dans l'administration, les douanes, les contributions, la sécurité, qu'on a commencé à implanter les ordinateurs et les réseaux, avant que cela ne se généralise.*

Internet et l'exercice politique

Nos interlocuteurs pensent majoritairement qu'actuellement, au Sénégal, Internet ne constitue pas une aide indispensable au pouvoir en place. Les rares personnes qui professent un avis contraire - notamment les cadres de l'administration - justifient leur réponse positive par le fait que la plupart des services de l'État sont connectés. L'aide que peut apporter le réseau dans l'exercice du pouvoir politique est une idée qui effleure à peine l'esprit de nos interlocuteurs. Pourtant, l'utilisation d'Internet dans l'exercice du pouvoir est une donnée intéressante. Tout d'abord, le réseau peut aider à la démocratisation. La censure est beaucoup plus difficile à exercer quand on peut trouver les informations « vraies » dans plusieurs sources différentes. C'est sans doute ce qui explique aussi que la plupart des journaux désirent se doter d'un site. Politiquement exploité, « *le réseau permet de vaincre les résistances au changement, il devient une véritable « turbine » pour les opposants* » et facilite une grande partie de leurs activités. Les responsables politiques pourraient utiliser le réseau pour promouvoir la bonne gouvernance. Si les messages sont rédigés dans la langue nationale, ils peuvent pénétrer dans les villages. Ce serait aussi un excellent moyen pour le pouvoir de se rapprocher de ses administrés au moment où la décentralisation est en marche. Pourtant, l'État n'a pas donné le bon exemple puisque le secteur privé s'est connecté avant l'administration. Maintenant que les services publics disposent du réseau, la société civile doit être attentive à l'utilisation qui en est faite. « *Tout doit être mis en place pour que le pouvoir demeure contrôlable.* » Il convient d'être particulièrement vigilant afin que « *certains ministères, celui de l'Intérieur, notamment, respectent les libertés individuelles et collectives et la vie privée des citoyens* ». Il s'agit de considérations éthiques sur lesquelles on ne doit pas transiger.

MOYENS D'ACTION POUR LE DÉVELOPPEMENT D'INTERNET

Quelques interlocuteurs pensent qu'ils disposent d'une certaine marge de manœuvre à la fois pour favoriser le développement d'Internet et veiller à son utilisation dans le respect des préceptes de l'éthique. Ce sont essentiellement les hauts fonctionnaires et les journalistes rencontrés. Évidemment, selon que l'on appartient à l'une ou l'autre de ces catégories, les moyens de pression seront différents. Dans le premier cas, les cadres de l'État pensent avoir une influence directe lors des réunions ou des discussions sur ces sujets. Ils sont aux premières loges pour jouer le rôle de « décideur » et d'« applicateur ». Ils se disent aussi bien placés pour suivre les utilisations. Ce qui est plus ou moins sous-entendu dans leur discours, c'est qu'ils seraient aussi bien placés pour observer, et naturellement corriger, les « déviances » si elles se présentaient. Quant aux journalistes, ils insistent beaucoup sur le rôle d'informateur qui est évidemment le leur. En ce sens, ils se sentent investis d'une mission de « sensibilisation » aussi bien auprès des pouvoirs publics que des citoyens. Mais ils entendent aussi utiliser l'organe où ils travaillent pour dénoncer tout manquement au respect des libertés individuelles et à la protection de la vie privée. On se souvient des campagnes régulières orchestrées en Côte d'Ivoire lors du coup d'État, et ensuite au Burkina Faso pour dénoncer l'attentat dont a été victime le journaliste retrouvé brûlé dans sa voiture. Ces manifestations pour défendre la démocratie, bafouée dans les deux cas, apparaissent de bon augure pour des actions ultérieures.

QUE FAIRE POUR QU'INTERNET NE DEVIENNE PAS UN AUTRE MOYEN AU SERVICE DE L'AUTOCRATIE ?

Les personnes interrogées proposent des solutions théoriquement simples mais probablement plus complexes dans leur application pour empêcher qu'Internet soit utilisé par l'État pour détourner la démocratie. « *Le développement du réseau doit s'effectuer dans la plus grande transparence.* » On peut envisager l'enregistrement systématique des cas déjà avérés, une large publicité faite autour de ceux-ci par tous les moyens d'information et de communication existants et, enfin, le traitement au cas par cas des manquements relevés. Selon nos interlocuteurs, il ne semble pas que ces cas aient été très nombreux depuis que le réseau se développe au Sénégal. Les personnes interrogées considèrent que, globalement, « *les médias sont plutôt libres au Sénégal* ».

En ce qui concerne les mesures que le gouvernement devrait mettre en place pour favoriser le développement d'Internet, plusieurs propositions sont faites par nos interlocuteurs. On peut tout d'abord réaliser une étude approfondie des différents obstacles rencontrés dans le développement du réseau. Les mesures préconisées prennent différentes formes :

- supprimer, ou au moins réduire fortement, les droits de douane ;
- réduire le coût des communications ;
- introduire la concurrence au niveau des prestataires ;
- casser les monopoles.

Ces souhaits d'ordre légal et réglementaire sont finalement peu différents de ceux exprimés dans certains pays du Nord, en Europe par exemple. L'État devrait aussi prendre « *toute initiative visant à multiplier les télécentres et autres cybercentres communautaires très accessibles à tous dans tout le pays, y compris dans les villages* ». Il faut donc réduire cette nouvelle inégalité entre les centres urbains et la campagne. Le ministère de la Recherche scientifique et le ministère de l'Éducation devraient mener des actions spécifiques d'enseignement, de formation initiale et continue, de stages sous toutes les formes « *pour faire connaître Internet, ses utilisations, ses possibilités et ses dangers* ». Les campagnes de sensibilisation doivent être multipliées et tous les médias doivent tenir des sessions d'information souvent répétées.

En résumé, pour la grande majorité de la population expérimentale, la pratique de l'ordinateur et le développement du réseau doivent devenir une priorité. « *Comme on part de rien ou presque* », ce nouveau média devrait être l'occasion de mettre en place d'autres infrastructures de communication. Ce serait aussi un moyen de rentabiliser d'autres grands travaux s'ils étaient effectués simultanément, comme la construction de routes et l'implantation de l'électricité, par exemple.

CONSÉQUENCES POSSIBLES D'UNE IMPLICATION FORTE DE L'ÉTAT

Selon nos interlocuteurs, si l'État prenait les décisions qu'ils suggèrent, tous les secteurs et toutes les professions y gagneraient et l'impact serait très important. Le pouvoir serait le premier bénéficiaire au moment où la politique se délocalise et où l'on assiste à des efforts certains de régionalisation. Les administrés, de plus en plus attentifs au traitement que leur inflige la classe politique, seraient plus satisfaits. Il y aurait moins de chômage et de nombreux jeunes pourraient apprendre de nouveaux métiers : « *Certains spécialistes pourraient développer des programmes adaptés à nos valeurs, ce serait un bon moyen de régler plusieurs problèmes à la fois.* » Si l'informatisation est bien menée, c'est-à-dire accompagnée d'une réflexion critique, « *en luttant contre l'analphabétisme informatique, on luttera contre l'analphabétisme général* ».

LES ENJEUX ÉTHIQUES RELIÉS À L'ORGANISATION ÉCONOMIQUE

- *Internet favorise le développement de plus grosses entreprises nationales et multinationales.*
- *Par exemple, les premières à s'informatiser, après l'administration publique, sont les entreprises nationales qui dépendent de l'État.*

D'après 36,3 % des personnes interrogées, les entreprises privées se sont connectées à Internet avant l'administration, contre 50 % qui estiment que c'est l'administration et ses organismes qui se sont connectés les premiers ; 13,6 % n'ont pas donné leur point de vue. Ici 31,8 % pensent souvent à l'action d'Internet sur les entreprises multinationales, 22,7 % y pensent rarement et 9,1 % n'y pensent jamais. Les autres n'ont pas donné leur sentiment sur le sujet. En fait, les premiers à s'informatiser et à se connecter sont : les banques privées, les filiales des groupes étrangers, les agences de développement, les universités (chercheurs) et quelques jeunes ménages.

La majorité des personnes interrogées disent ne pas pouvoir agir pour ne pas favoriser les multinationales. Les gens proposent que l'État réduise les coûts du matériel informatique et des communications téléphoniques afin de permettre aux PME de s'équiper. L'État doit également promulguer des lois qui protègent les PME locales. Ici 54,5 % des personnes entendues pensent que ces solutions auront un impact au moins important, sinon très important, dans l'émulation des PME. La répercussion d'Internet sur les PME est perçue comme étant très forte car, à l'heure de la mondialisation et sans Internet, leurs activités pourraient devenir très limitées.

CONCLUSION

Au Sénégal, l'informatisation semble avoir une longueur d'avance sur celle de la Gambie. D'après les réponses obtenues à nos enquêtes, l'État semble plus volontariste à Dakar dans la diffusion d'Internet. Les personnes interrogées donnent l'impression d'avoir plus d'expérience ou davantage conscience des dangers réels et potentiels du réseau. Mais là comme ailleurs la tâche semble immense. D'une part, les besoins (écoles, hôpitaux, routes, etc.) sont tous aussi pressants que le développement du réseau. « *Tous les secteurs sont prioritaires* », dit-on. Mais certains pensent qu'Internet en tant qu'outil « transversal », c'est-à-dire utile et partie prenante de tous les autres secteurs, « *devrait être le prioritaire des prioritaires* ». D'autre part, la connexion à Internet implique que le problème des infrastructures, l'électricité et le téléphone notamment, est résolu. Il convient aussi de veiller à ce que le matériel soit accessible à des coûts acceptables par les futurs utilisateurs. Cela implique des négociations avec les constructeurs du Nord et la baisse des droits de douane privant l'économie locale d'une manne certaine. Toujours sur le terrain, l'État doit aussi intervenir pour que les frais d'accès et le coût de l'abonnement puissent être absorbés par les entreprises, les organismes, les associations, etc., et par les utilisateurs individuels.

Au Sénégal il y a un engouement certain pour Internet, mais cela reste embryonnaire si l'on regarde l'ensemble du pays. Le caractère mercantile est très fort dans ce pays. Nous craignons que cet état de chose ne freine le développement d'Internet. Cela risque d'être comme la télévision qui, une trentaine voire une quarantaine d'années après son introduction en Afrique, reste toujours la « chose » des plus nantis, parce qu'aucune action n'est prise pour réduire les coûts et permettre aux moins nantis d'en faire l'acquisition.

Quoi qu'il en soit, les Africains de l'Ouest ont bien l'intention de prendre leur destin en main au sein d'une « union » africaine, dans un environnement international et une perspective à long terme. Le report des responsabilités quant à la lenteur, au retard, à l'immobilisme sur le colonialisme passé ou sur la jeunesse récente de l'Afrique en tant que continent nouvellement indépendant s'estompe. La plupart de nos interlocuteurs sont d'ailleurs des personnes nées après les années 1960. Des préoccupations éthiques sont exprimées nettement moins au regard des adultes (surveillance de l'État, « flicages » dans les entreprises) qu'au niveau de la protection des enfants. La plupart des personnes interrogées, très enthousiastes au sujet du développement d'Internet, redoutent néanmoins que les identités culturelles ne soient menacées et que la culture africaine ne se perde, à l'image des nombreuses valeurs des sociétés du Nord, malheureusement en voie de disparition.

CHAPITRE VII

Synthèse des résultats, recommandations et conclusion finale

1. SYNTHÈSE DES RÉSULTATS[1] : ÉLABORATION D'UN MODÈLE ÉTHIQUE D'INTÉGRATION D'INTERNET

INTRODUCTION

L'objectif de la dernière partie de cet ouvrage est d'exposer une théorie ou tout au moins un modèle explicatif du phénomène Internet en Afrique dans sa dimension éthique. Le but est de rassembler, dans une démarche que nous explicitons plus loin, toutes les données recueillies dans cette étude de cas multiple pour donner une représentation homogène qui rende raison de l'éclatement de l'expérience propre à tout phénomène sensible à son contexte comme l'est l'intégration d'Internet. Dans un premier temps, nous avons dégagé les différentes catégories d'opinion qui émergent des données. À la suite de la mise en exergue de ces catégories, nous avons fait ressortir de ces données les antécédents qui peuvent expliquer les catégories relevées.

1. En collaboration avec Joël M. Katambwe.

Rappelons qu'en anthropologie l'approche « émique » est celle qui recourt à la classification des idées des individus qui participent à une société et à une culture données. Cette approche s'oppose à l'approche « étique » qui fonde ses catégories ou classifications conceptuelles sur les théories des sciences sociales. « Parti d'une grille extérieure (« étique »), l'ethnographe de la communication doit parvenir à dégager les cadres sociaux de la perception propres à la communauté étudiée (« description émique »)[2]. » L'approche émique est relativiste, l'approche étique est universaliste. Le modèle présenté ici a été élaboré selon une approche émique à partir des points de vue des informateurs africains.

Si les catégories peuvent rendre compte de la manière dont Internet est vécu en Afrique, les causes permettent de déterminer le fondement de ce vécu et d'amorcer la première ébauche d'un modèle explicatif émique d'Internet. L'idéal pour nous a été d'arriver à identifier (« débusquer ») deux ou trois causes essentielles qui influent, d'après les données recueillies auprès de nos informateurs, sur le sort ou le développement futur d'Internet en Afrique. Cependant, ces catégories émergentes n'épuisent pas l'ensemble du phénomène. Elles fonctionnent comme des repères par rapport auxquels les pays que nous avons examinés peuvent varier d'approches. Par exemple, tout le monde dans l'ensemble est d'accord pour dire qu'Internet est en train de creuser davantage l'écart entre les pauvres et les riches. Toutefois, cette situation n'est pas ressentie par tous de la même manière. L'impression qui se dégage au Ghana ou en Côte d'Ivoire, par exemple, est que ces inégalités sont inévitables et qu'il faut « faire avec ». D'autant plus qu'Internet, espère-t-on, peut résorber les inégalités en question. Par contre, cette question des inégalités, reconnue par nos informateurs comme étant problématique, appelle une attitude différente en Gambie où on estime qu'il faut lutter contre ces inégalités. Ce sont donc ces différences que nous avons aussi mises en lumière afin de déterminer les réponses ou les réactions particulières de chaque cas face à Internet.

Pour résumer notre objectif, nous dirons qu'il s'agit de comprendre comment les cas que nous avons sélectionnés (les cinq pays africains) agissent et réagissent face au phénomène Internet dans sa

2. Yves Winkin, *Anthropologie de la communication : de la théorie au terrain*, Paris, De Boeck Université, 1996. p. 75.

dimension éthique. Notre entreprise sera considérée comme étant réussie si, au terme de notre analyse, nous sommes parvenus à dégager un profil comportemental qui cerne le positionnement de chacun par rapport aux enjeux éthiques. C'est que nous proposons à la fin de cette partie.

1.1. MÉTHODE

Les cas étudiés ont été choisis pour leur potentiel à contribuer et faire avancer la théorie devant émerger de l'étude empirique. L'échantillonnage théorique s'est toutefois limité à certains pays d'Afrique de l'Ouest. Une étude complémentaire pourrait être étendue aux régions du Maghreb, de l'Afrique centrale et australe. Quoi qu'il en soit, nous avons établi cet échantillonnage de façon à obtenir un premier groupe homogène francophone et un second groupe homogène anglophone. Cette façon de procéder nous permet de dresser des constats à l'intérieur de chaque groupe, mais aussi et surtout de les comparer entre eux, en particulier pour voir si les constantes que nous avons isolées se comportent de la même façon dans un cas comme dans les autres. Les données sont essentiellement tirées des nombreuses entrevues et analyses préliminaires. Les catégories que nous avons identifiées ont ainsi pu être saturées (reconnues par tous) grâce au nombre (105 informateurs interviewés) et à la profondeur des entrevues (d'une durée d'environ une heure).

1.2. L'EXPÉRIENCE D'INTERNET EN AFRIQUE

Dans cette section, nous présentons les données que nous avons regroupées à l'intérieur de six catégories. Ces catégories, qui ont pu être saturées grâce à l'énorme base de données constituée, regroupent de façon thématique toutes les actions, tous les événements et toutes les opinions exprimées par nos informateurs. Au vu des données, ces regroupements nous ont semblé être les plus appropriés. Un effort a été fait pour rester le plus près possible des codes *in vivo* utilisés par les informateurs. Les six catégories ont été obtenues par réduction de l'ensemble des thèmes et sous-thèmes apparaissant dans le corpus. Le tableau 1 qui suit présente ces catégories en y incluant les raisons qui, d'après nos informateurs, militent en faveur de cette autre perception du phénomène Internet.

Cette première réduction de nos données aboutit donc à six paires de catégories que nous devons réduire plus avant pour faire émerger un premier modèle simple d'intégration d'Internet en Afrique. Auparavant toutefois, nous avons explicité les six catégories expériencielles ainsi relevées dans le but de les clarifier.

TABLEAU 1 : CATÉGORIES EXPÉRIENCIELLES D'INTERNET EN AFRIQUE

Catégories émergentes	Causes et antécédents
1. Nous devons accepter les contenus du Nord.	L'hégémonie de l'Occident.
2. L'État doit accorder une priorité budgétaire à Internet.	L'infrastructure des télécommunications demande de gros investissements.
3. L'État n'a pas la volonté, souvent, ni les moyens surtout d'utiliser Internet de manière non démocratique. L'État doit tout faire en son pouvoir pour faciliter l'intégration massive d'Internet.	Internet est très complexe. L'État a le pouvoir et l'autorité de décréter et d'engager le pays à l'extérieur.
4. Internet est un catalyseur d'inégalités.	Avec Internet, tout dépend des moyens.
5. L'Afrique ne peut se permettre de rater Internet, il faut le prendre coûte que coûte.	Nous avons raté toutes les autres phases de développement.
6. Les solutions aux problèmes d'Internet : encore plus d'Internet !	Tout le monde doit avoir accès à Internet.

1.2.1. L'« Internet Goliath »

De l'avis de nos interlocuteurs interrogés, les contenus véhiculés par Internet proviennent dans une très large mesure de l'Occident. Ces contenus s'imposent aux Africains de telle façon qu'ils ne peuvent pas être évités. En fait, Internet leur parvient avec ces contenus sans lesquels le réseau n'existerait tout simplement pas. La force avec laquelle s'imposent les contenus du Nord est, nous semble-t-il, corrélative de l'attribution d'un caractère de nécessité à Internet. Dans le cas où Internet revêt un caractère impérieux de nécessité, les informateurs ont tendance à exprimer de la résignation par rapport à l'enjeu relié au déséquilibre des flux d'information Nord-Sud. Force est de constater toutefois que dans la plupart des cas, sinon dans tous, Internet, d'après nos informateurs, est une nécessité. Bien sûr cette perception des enjeux reliés au contenu d'Internet a besoin d'être nuancée. C'est ce que nous avons fait dans la section où nous discutons et comparons les positions ou les approches particulières au vu de toutes les catégories relevées.

1.2.2. La Net-priorité

Nos informateurs s'accordent très facilement sur le fait que les ressources budgétaires sont rares en Afrique. Quand elles existent, ces ressources sont en principe accaparées par des priorités plus criantes comme la santé, l'éducation, les routes ou autres, sans compter la corruption. Comment, dans ce contexte, justifier alors que l'on donne la priorité à Internet ? Comme pour la catégorie précédente, ici aussi ceux qui attribuent à Internet un caractère de nécessité auront tendance à dire que sans une injection massive de fonds, ne fut-ce que pour améliorer les infrastructures de télécommunication, Internet ne serait qu'un autre mirage aux conséquences terriblement fâcheuses pour l'Afrique. C'est dans cette perspective qu'Internet est considéré comme un outil incontournable du développement de l'Afrique. Il s'ensuit alors qu'à ce titre il mérite d'être une priorité dans le budget de l'État. À moins de prôner une position néolibérale en matière d'intervention de l'État, comme semblent le faire certains de nos informateurs (anglophones), l'idée qu'Internet soit une priorité budgétaire va de soi pour presque toutes les personnes interrogées. En effet, pour presque tout le monde, Internet est une nécessité première.

1.2.3. Le bon État catalyseur

Dans l'opinion de nos informateurs, l'État, pour toutes sortes de raisons, ne voudrait pas utiliser Internet à des fins inavouables de surveillance politique. Les personnes interrogées pensent plutôt qu'Internet est un outil susceptible d'aider l'administration à mieux gérer ses affaires, en particulier en ce qui gouverne le traitement des informations et la communication entre les différents ministères et services gouvernementaux. Si l'on voit mal comment l'État peut détourner Internet vers des utilisations politiquement perverses, on voit par contre très bien comment il peut favoriser l'intégration massive nationale d'Internet. À cette fin, l'État est instrumentalisé politiquement pour donner l'élan à tout le reste de la société. L'État est également instrumentalisé économiquement parce qu'il peut, d'une part, prendre des mesures en faveur d'une accessibilité accrue à Internet et, d'autre part, négocier des aides et des subsides avec des partenaires de l'étranger pour les mêmes fins.

1.2.4. L'« Internet catalyseur »

Nos informateurs reconnaissent tous le fait que les inégalités sont réelles entre, d'une part, les nantis qui peuvent se permettre d'acheter le matériel nécessaire pour avoir accès à Internet et, d'autre part, les pauvres qui courent le risque, si rien ne se fait, de rester à la remorque de la « nouvelle économie » et de s'enfoncer davantage dans les méandres de l'exclusion. En effet, à propos d'Internet, tout ou presque dépend des moyens financiers de l'individu. C'est pourquoi l'État devrait suppléer, suivant certaines modalités (par exemple l'accès communautaire à Internet) à ce déséquilibre. Bien entendu, le sort qui doit être réservé aux pauvres en passe de devenir maintenant des « pauvres informationnels » ne reçoit pas l'unanimité, comme nous pouvons le voir dans nos tableaux comparatifs.

1.2.5. Le Net de la dernière chance

C'est ici que l'on voit apparaître dans toute sa force l'argument du caractère impératif et nécessaire d'Internet. L'informatique en général et Internet en particulier constituent la dernière (jusqu'à aujourd'hui) grande « révolution industrielle ». L'Afrique, qui a déjà raté la révolution agricole et la révolution industrielle, ne peut se permettre de rater la révolution postindustrielle. Si tel est le cas, les données relatives à l'utilisation d'Internet en Afrique signalent un retard très alarmant qu'il est urgent de combler. L'urgence impérieuse d'Internet ainsi établie permet à certains de reléguer au second plan, voire de gommer, certaines objections sociotechniques qu'on pourrait soulever (absence d'analyse des besoins, analphabétisme, absence de moyens financiers...) à l'endroit d'une intégration massive d'Internet en Afrique.

1.2.6. La Net-solution

De l'avis de presque tous nos informateurs, Internet est un outil providentiel. Personne ne laisse supposer un seul instant que l'on puisse surseoir à l'avancée d'Internet en Afrique. S'il y a un paradoxe - par ailleurs intéressant - que cette étude révèle, c'est le fait remarquable que l'instrument susceptible d'être à l'origine d'un chambardement (ou soupçonné comme tel) des structures sociales soit aussi celui qui peut rétablir l'équilibre menacé de la société. Il en est même d'aucuns qui vont jusqu'à prétendre que les inégalités, l'analphabétisme et le développement économique seront résolus grâce à l'intégration croissante d'Internet en Afrique. Les solutions proposées pour faire face aux enjeux éthiques liés à l'arrivée d'Internet tournent autour de la création de conditions socio-économiques favorables à l'entrée massive d'Internet en Afrique. Ces solutions sont examinées plus loin en détail dans la partie de l'analyse qui concerne les comparaisons. En procédant à une seconde réduction, les catégories que nous avons relevées ainsi que leurs antécédents laissent entrevoir ce que nous pouvons appeler un **modèle émique simple de l'intégration sociale d'Internet** en Afrique.

1.3. Le modèle émique simple d'intégration sociale d'Internet

Le modèle émique est le produit des catégories perceptuelles, c'est-à-dire des opinions propres exprimées par nos informateurs. Comme nous l'avons dit, ce modèle s'appuie sur les points de vue mêmes des informateurs africains. C'est en réduisant, par un processus d'abstraction plus poussée, les catégories précédentes que nous sommes à même de l'expliciter. Ce modèle, comme nous pouvons le voir dans le schéma 1, est une structure qui permet de systématiser les commentaires recueillis au cours de cette étude. Ce modèle est dit

« simple » parce qu'il n'inclut pas la dimension éthique qui ne sera abordée qu'avec l'introduction des informations concernant le comportement actuel des pays par rapport aux enjeux éthiques.

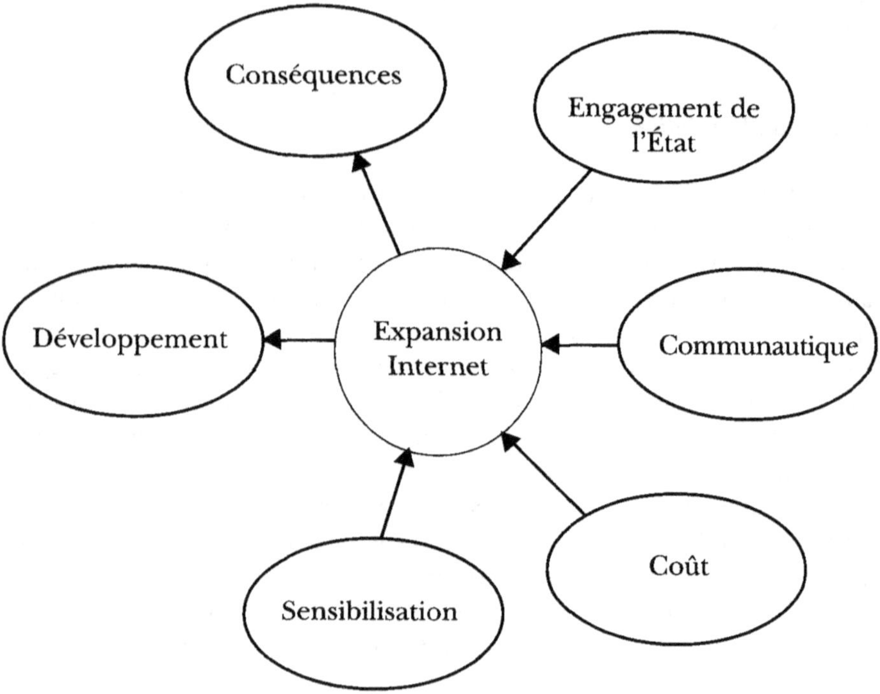

SCHÉMA 1 : MODÈLE ÉMIQUE SIMPLE D'INTÉGRATION SOCIALE D'INTERNET

Le modèle émique simple montre que dans le contexte de l'hégémonie du Nord, qui impose le rythme et les modes de développement, Internet est une nécessité socio-économique que l'Afrique n'a malheureusement pas les moyens ni de se payer ni de s'en passer. L'État doit s'engager résolument à agir localement (en agissant sur les coûts et en donnant l'impulsion) et globalement (en recherchant de l'aide internationale) pour s'assurer que le pays et tous les individus ont accès à Internet. C'est à cette dernière condition que chaque pays en particulier pourra résoudre les éventuels problèmes occasionnés par Internet tels que, par exemple, les inégalités et les exclusions. Le mode d'échantillonnage choisi nous offre la possibilité de faire des comparaisons à l'intérieur des groupes afin de relever des différences ou des particularités dans l'approche des enjeux éthiques.

1.4. COMPARAISONS INTRA ET INTERGROUPES

Le tableau 2 concernant le groupe des pays francophones permet de relever quelques différences vite contrebalancées par toutes les similarités qu'on peut retrouver dans ce groupe. Les différences, quand elles apparaissent, se limitent aux enjeux culturels d'Internet et du comportement global de chaque pays par rapport à l'ensemble des problèmes éthiques posés par Internet. Comme nous pouvons le constater, le Sénégal ne partage pas cette attitude de laisser-faire à l'endroit des contenus véhiculés par Internet. Les attitudes relevées au Sénégal montrent que les utilisateurs sont plutôt réfractaires à ces contenus, alors que pour les deux autres pays francophones, les contenus du Nord sont une aubaine qu'il ne faut pas censurer. Il faut tout juste mettre l'accent ou promouvoir la responsabilité individuelle des parents et des enseignants face aux contenus immoraux. Au Sénégal on semble condamner énergiquement les contenus immoraux et préconiser une forme de censure (filtrage) et de réglementation d'Internet. Pour faire barrage aux contenus immoraux ou illicites, le Sénégal préconise la production de contenus locaux, comme d'ailleurs le suggère aussi le Burkina Faso à ce sujet.

Au chapitre des inégalités qu'Internet pourrait accentuer, nous pouvons remarquer que la Côte d'Ivoire semble les considérer comme allant de soi. Toutefois, des différences notables ressortent des déclarations significatives de nos informateurs, ce sont celles qui ont trait au comportement éthique actuel (à l'opposé des vœux et des souhaits exposés dans la catégorie des solutions) des pays représentés qui sont les plus marquantes. Nous avons dressé un tableau (tableau 4) de ces comportements qui les qualifie plus précisément. Nous pouvons remarquer que le Burkina Faso et la Côte d'Ivoire n'ont pas une connaissance comme telle du grand nombre d'enjeux éthiques posés par Internet, en particulier lorsque nous considérons les non-réponses aux questions tentant d'élucider leurs positions à cet égard. La connaissance des enjeux éthiques tels que les inégalités, le déséquilibre des flux Nord-Sud, etc., est une des premières étapes pour amorcer

TABLEAU 2 : COMPARAISONS INTRAGROUPE FRANCOPHONE

Catégories des solutions	Pays		
	Burkina Faso	**Côte d'Ivoire**	**Sénégal**
Internet Goliath	Risque d'acculturation Opportunité Responsabilité individuelle	Prendre le risque Pas de censure des contenus du Nord	Aucune qualité morale Produire son propre contenu
La Net-priorité	Oui, le Net est une priorité	C'est une priorité	C'est une priorité
Le bon État catalyseur	L'État doit s'engager pour Internet	L'État joue un rôle primordial Empêcher l'État de penser à une utilisation anti-démocratique	L'État a un rôle important Surveiller l'État pour empêcher une utilisation anti-démocratique
Internet catalyseur	Crée des inégalités	Crée des inégalités qu'il faut supporter	Crée des inégalités
Le Net de la dernière chance	Utilisation faible Utilisateurs administratifs et commerciaux Quelques cybercentres	Utilisation faible Quelques cybercentres	Utilisation relativement plus importante Nombre élevé de cybercentres
La Net-solution	Communautique Formation/ sensibilisation Recyclage du matériel du Nord	Communautique Aide internationale Sensibilisation Infrastructures Alphabétisation	Communautique Baisse des taxes Démonopolisation des télécentres Réglementer Filtrer les contenus Proscrire des sites Aide internationale
Comportement	Faible reconnaissance des problèmes Faible reconnaissance des contraintes Faible capacité d'agir	Très faible reconnaissance des problèmes Faible reconnaissance des contraintes Faible capacité d'agir	Forte reconnaissance des problèmes Forte reconnaissance des contraintes Faible capacité d'agir

des actions susceptibles de les combattre. Cette connaissance ou sensibilité est, comme nous le voyons dans notre modèle éthique, un indice positif d'un comportement éthique. De plus, le Burkina Faso et la Côte d'Ivoire ont une connaissance des contraintes allant de moyenne à faible. Ceci veut dire que, selon les opinions des personnes interrogées, les barrières telles que l'alphabétisation, la qualité des infrastructures et autres ne constituent pas vraiment des obstacles à la cause d'Internet en Afrique. Sur ces deux formes de connaissance et de conscientisation, le Sénégal fait mieux que les deux pays précités. Étant donné toutes les autres similarités, nous pensons que le taux d'utilisation ou de pénétration d'Internet dans ces pays a un rôle à jouer compte tenu de l'écart important entre les chiffres (voir les données sur les taux de pénétration d'Internet, annexe 1).

Le modèle éthique d'intégration d'Internet en Afrique représenté dans le schéma 2 montre en effet que le comportement éthique est lié à la prise en compte des différents éléments du contexte et du nombre de connexions à Internet. Le Sénégal est en tête au niveau de la capacité d'agir pour résorber les problèmes. Cette capacité est faible dans les autres pays et semble se limiter à la sensibilisation. Dans l'ensemble, l'étude montre que les gens ne sont généralement pas sensibilisés ou ne sont pas au courant de la dimension éthique d'Internet. À cet égard, il semble que la sensibilisation soit le mode d'action privilégié. C'est pourquoi nous pouvons considérer, comme nous l'avons fait remarquer plus haut, que les débats et autres mécanismes ou structures (colloques, séminaires, conférences, articles, reportages, documentaires...) qui permettent d'aborder le Net sous ses différents aspects sont un indice important de la prise en compte ou non de la dimension éthique de l'intégration d'Internet.

Entre autres similarités dans le groupe francophone, nous remarquons la solution de la « communautique[3] » comme moyen susceptible de résorber les problèmes éthiques. La communautique est l'accès à Internet dans des endroits publics appartenant en général à l'État, mais non exclusivement. Ce sont les centres communautaires de diffusion, les télécentres et autres cybercafés.

3. Communautique : Ensemble de technologies informatiques qui permettent la création et le développement de communautés virtuelles. Mot-valise construit à partir de communauté + informatique. Néologisme proposé par Pierre Léonard Harvey dans son ouvrage *Appropriation, réseaux, groupes virtuels* (1996) ; définition tirée du dictionnaire : *Les mots de la cyberculture*, Paris, Belin, 1998.

Dans le tableau 3, où nous avons regroupé les deux pays anglophones, nous constatons une similarité plus importante encore que dans le groupe francophone. À part la quasi-unanimité (absente au Ghana) sur le caractère prioritaire d'Internet, les deux pays semblent partager la même expérience du réseau. Par ailleurs, mis à part un optimisme flagrant, ces deux pays anglophones se rapprochent ou sont semblables au Burkina Faso et à la Côte d'Ivoire. Ceci nous a

TABLEAU 3 : COMPARAISONS INTRAGROUPE ANGLOPHONE

	Pays	
Catégories	**Gambie**	**Ghana**
Internet Goliath	L'intrusion des contenus du Nord est la bienvenue Créer des contenus locaux Pas de censure	Intrusion inoffensive Créer des contenus africains Pas de censure
La Net-priorité	Internet est une priorité	Priorité / pas priorité
Le bon État catalyseur	Internet réduit les inégalités	Les inégalités ne sont pas le fait d'Internet
Le Net de la dernière chance	L'utilisation est plus élevée au niveau gouvernemental et commercial Peu de cybercentres	Utilisation faible Quelques cybercentres
La Net-solution	Communautique Baisser les coûts Baisser les droits de douane Formation et sensibilisation Responsabilisation individuelle face au contenu Cheviller l'enseignement éthique avec la formation à Internet	Communautique Démonopolisation étatique dans les télécommunications Baisse des coûts du matériel Baisse des taxes douanières Sensibilisation Valorisation de l'éthique
Comportement	Faible reconnaissance des problèmes Faible reconnaissance des contraintes Faible capacité d'agir	Faible reconnaissance des problèmes Faible reconnaissance des contraintes Faible capacité d'agir

conduit à formuler la proposition suivante, à savoir que l'individu aurait une dynamique insensible au contexte sociopolitique de l'intégration d'Internet. L'individu aurait plutôt tendance à réagir de la même manière indépendamment des milieux nationaux. Cela reste tout de même à vérifier, étant entendu que de telles conclusions ne peuvent être tirées de manière définitive sur la base d'un échantillon limité.

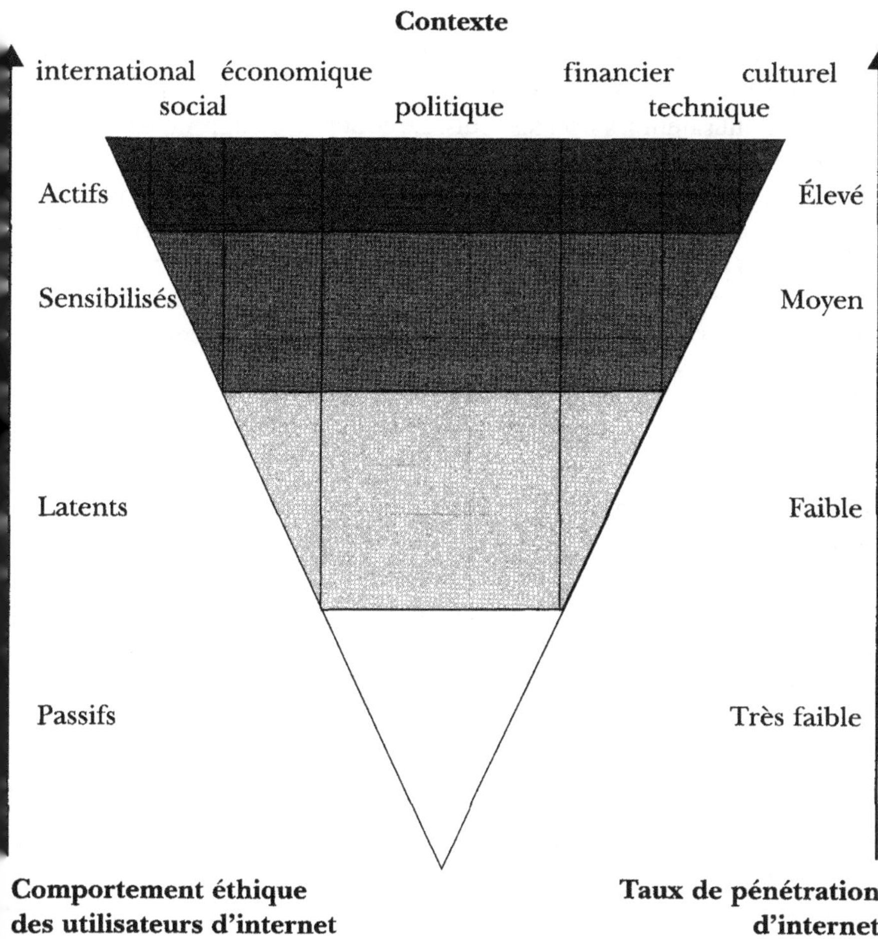

SCHÉMA 2 : MODÈLE ÉTHIQUE D'INTÉGRATION D'INTERNET
(P. J. BRUNET ET J. M. KATAMBWE)

1.5. LE MODÈLE ÉTHIQUE D'INTÉGRATION D'INTERNET

Le modèle éthique d'intégration comporte **trois dimensions principales** : le contexte, le taux de pénétration et le comportement éthique des utilisateurs.

Le contexte

Le contexte comprend la **structure économique** avec ses entreprises privées et ses nantis. Ce sont eux qui forment le plus gros contingent d'utilisateurs, sinon les seuls. Le contexte comprend également les **coûts et le financement** de l'acquisition du matériel et des infrastructures ; c'est par ailleurs la plus importante des contraintes que reconnaissent tous les informateurs. Le contexte comprend également l'**État** et ses priorités ainsi que sa capacité et sa volonté d'intervenir de manière stratégique dans la situation pour alléger le fardeau financier. Le contexte comprend la **culture**, ouverte aux influences notamment d'ordre sexuel ou moral, où l'on trouve un haut niveau d'alphabétisation. Le contexte **social** est bien entendu un élément clé dont il faut tenir compte face au phénomène Internet puisque ce dernier peut creuser les écarts et inégalités et engendrer l'exclusion. Il s'agit du risque de ce d'aucuns nomment le « fossé numérique ». Les résistances à Internet liées aux **facteurs sociotechniques** (conditions d'accessibilité, manque de formation...) constituent une autre contrainte que certains informateurs reconnaissent. Enfin, le contexte comprend la **dimension internationale** en termes d'aide, d'échanges, d'accords ou de désaccords.

Le taux de pénétration d'Internet

Certains pays affichent un taux de pénétration relativement élevé, comme le Sénégal ; d'autres présentent un taux de connexion relativement moyen (par rapport aux autres pays d'Afrique peu développés), et dans d'autres encore le taux de pénétration est relativement faible, comme au Burkina Faso.

Le comportement éthique des utilisateurs

Le comportement de l'utilisateur est prédiqué selon trois variables :

1. la reconnaissance ou non des problèmes, c'est-à-dire des écarts ;
2. la reconnaissance ou non des contraintes ;
3. l'implication faible ou forte de ces pays en ce qui a trait à Internet (certains ont une direction ministérielle consacrée au Net, par exemple).

Ces comportements produisent **quatre types d'utilisateurs** : les passifs, les latents, les sensibilisés, qui sont exceptionnels (c'est le cas du Sénégal), et les actifs, quasi inexistants. La dimension contextuelle influence le taux d'utilisation qui lui-même influencerait le comportement éthique des utilisateurs[4].

Rappel des quatre types d'utilisateurs :

Les actifs

Nous appelons « actifs » les utilisateurs d'Internet qui adoptent un comportement éthique élevé. Il s'agit de personnes qui, face à Internet, adoptent un comportement responsable qui suppose la prise en compte de l'ensemble des éléments du contexte dans lequel s'inscrit le réseau. En d'autres termes, adopter un comportement actif éthiquement signifie : appréhender Internet en tenant compte des enjeux politiques, culturels, sociotechniques, économiques, financiers, sociaux et internationaux. Cette vaste palette d'enjeux ne peut être prise en compte par les individus eux-mêmes, mais par les gouvernements des différents pays. Une concertation panafricaine et internationale s'impose aussi en ce qui a trait particulièrement aux questions de réglementation. Sur le plan individuel, être actif signifie adopter un comportement de recherche, c'est-à-dire : vérifier les sources des informations ; utiliser plusieurs moteurs de recherche pour un même sujet ; s'intéresser aux enjeux éthiques associés à Internet ; assister ou participer à des colloques ou congrès sur Internet ; encourager un comportement responsable dans l'utilisation d'Internet dans son

4. Ce qui est conforme à la théorie cognitive.

environnement immédiat et à l'échelle régionale ou nationale ; favoriser l'implication des médias pour sensibiliser la population.

Les passifs

Nous appelons « passifs » les utilisateurs d'Internet qui adoptent un comportement éthique très bas. Il s'agit de personnes qui appréhendent Internet sans tenir compte des enjeux éthiques qui y sont associés. Leur degré de conscientisation éthique est nul ou très bas. À l'inverse du comportement actif, être passif signifie adopter un comportement d'investigation, mais sans nécessairement : vérifier les sources des informations ; utiliser plusieurs moteurs de recherche pour un même sujet ; s'intéresser aux enjeux éthiques associés à Internet ; assister ou participer à des colloques ou congrès sur Internet ; encourager un comportement responsable dans l'utilisation d'Internet dans son environnement immédiat et à l'échelle régionale ou nationale ; favoriser l'implication des médias pour sensibiliser la population.

Les sensibilisés et les latents

Les utilisateurs sensibilisés et latents se situent à des degrés intermédiaires entre les actifs et les passifs.

Conclusion : profil des comportements éthiques des pays représentés

Les tableaux de comparaison 2 et 3 permettent de déceler les différents comportements des pays quant à la dimension éthique d'Internet en Afrique. Nous ne reviendrons pas sur les trois critères que nous avons définis plus haut (reconnaissance des problèmes et des enjeux, reconnaissance des contraintes et capacités d'agir). Nous voulons ici introduire un dernier critère permettant d'opérer une distinction entre ces comportements. Il s'agit du degré d'implication dans les enjeux, c'est-à-dire de la mesure à laquelle, globalement, nous nous sentons concernés par les enjeux éthiques. Malheureusement, ce critère ne permet pas une distinction nette dans le cas de notre échantillon puisque la grande majorité de nos informateurs ont indiqué des taux d'abstention assez importants. Nous avons considéré ces taux comme des indicateurs permettant de « mesurer » pour ainsi dire le degré auquel nos répondants se sentaient interpellés par tel ou tel élément de la dimension éthique.

Le tableau 4 portant sur le profil comportemental des cas étudiés montre que ces derniers ne peuvent que se retrouver dans la zone des acteurs impliqués faiblement. Ces pays rassemblent un type d'utilisateurs qui peut se retrouver dans la catégorie des sensibilisés (aux problèmes et enjeux éthiques), des latents ou encore des passifs. Comme on peut le voir, les passifs ne font consciemment face à aucun problème éthique (ne se sentent pas concernés), ne reconnaissent pas l'existence du problème et ne reconnaissent pas non plus les contraintes que peuvent rencontrer les tentatives de résolution. Les passifs fatalistes reconnaissent les contraintes mais sont incapables d'agir, se sentant nullement concernés par la problématique.

TABLEAU 4 : PROFIL DES COMPORTEMENTS ÉTHIQUES

	Forte implication		**Faible implication**	
	Type de comportement	**Type d'utilisateur**	**Type de comportement**	**Type d'utilisateur**
Importante reconnaissance des problèmes **Faible** reconnaissance des contraintes	Fait face aux problèmes de manière lucide	**Actif** cherche et propose des solutions	Fait face aux problèmes sans trop d'espoir	**Sensibilisé**
Importante reconnaissance des problèmes **Importante** reconnaissance des contraintes	Tente de faire face aux problèmes dans une attitude d'impuissance et de découragement	**Sensibilisé**	**Comportement contraint**	**Latent**
Faible reconnaissance des problèmes **Faible** reconnaissance des contraintes	**Optimiste** il n'y a pas de problèmes	**Actif** recherche d'information pour conforter son point de vue	**Optimiste irréaliste** (tout va bien)	**Passif optimiste**
Faible reconnaissance des problèmes **Importante** reconnaissance des contraintes	**Fataliste**	**Latent** (à cause de l'implication)	**Fataliste par excellence**	**Passif fataliste**

Les latents reconnaissent les problèmes mais se sentent incapables d'agir étant donné le poids des contraintes qu'ils perçoivent et leur non-implication. Les sensibilisés, quant à eux, reconnaissent les enjeux mais pas nécessairement les contraintes. Bien souvent ils ne sont pas disposés à agir car ils ne se sentent pas concernés par les enjeux éthiques.

Au vu de ces critères, le Sénégal est un utilisateur de type latent qui a besoin d'être convaincu de la possibilité de surmonter les obstacles, mais qui a aussi besoin, comme ailleurs, de se sentir réellement interpellé par la problématique des enjeux éthiques d'Internet. Les quatre autres pays se classent aisément parmi les passifs optimistes étant donné leur non-implication et leur niveau assez faible de reconnaissance des enjeux et des contraintes. Il y a ici un grand travail de sensibilisation à faire.

En résumé, d'un niveau d'implication très bas (les utilisateurs ne se sentent pas concernés), essentiellement dû à un faible taux de pénétration (ou même tout simplement de visibilité) d'Internet, les pays que nous avons étudiés ne sont pas dans l'ensemble éthiquement actifs en ce qui concerne Internet (pas ou peu de débats sur cette question). Ainsi, quand ils proposent des solutions à des problèmes, il s'agit presque toujours de mesures non restrictives dont l'objectif reste d'augmenter la prévalence d'Internet. Ils veulent paradoxalement « plus de Net » pour résoudre les problèmes soulevés par Internet. C'est pourquoi ils exigent une intervention de l'État pour baisser les tarifs douaniers et subventionner des centres communautaires d'Internet et les écoles, par exemple. La plupart présentent donc des comportements allant de la passivité à la latence. Un seul pays parmi les cinq peut être considéré comme réellement sensible aux enjeux éthiques d'Internet, c'est le Sénégal. Cela serait dû en particulier, d'après nos analyses, à un niveau de pénétration relativement plus élevé que chez les autres. Il semble donc que l'intensité du comportement éthique soit tributaire (paradoxalement) du taux de pénétration d'Internet ; ce qui semble par ailleurs coïncider avec la dynamique vécue en Occident puisque c'est seulement dans les dernières années qu'a émergé la problématique de l'éthique dans la foulée d'une diffusion de plus en plus massive des nouvelles technologies de l'information et de la communication. Par ailleurs, comme nous le montre notre modèle émique simple, le taux de pénétration d'Internet est lui-même tributaire de l'engagement de l'État, des coûts et d'une certaine stratégie d'adoption de la communautique, auxquels s'ajoutent, selon notre modèle éthique, les autres variables du contexte que sont la dimension culturelle (contenus) et sociale (inégalités), la structure économique[5], les aspects sociotechniques (usages, résistances) et les rapports internationaux.

2. RECOMMANDATIONS

À partir du constat de paradoxes relevés dans les différents pays étudiés, nous proposons que les gouvernements africains adoptent le modèle éthique d'intégration d'Internet dans le cadre de leurs programmes de développement. Ce modèle suppose la prise en considération des différents paradoxes que la recherche nous a permis de relever et qui mettent en lumière la dimension éthique reliée au développement d'Internet. Ces paradoxes sont les suivants :

- Internet offre un outil d'accès à l'information et en même temps renforce l'inégalité et l'exclusion.
- Internet est une ouverture sur le monde sur le plan culturel et en même temps donne accès à des contenus idéologiquement marqués, illicites ou offensants.
- Internet est considéré comme un outil d'information et de communication indispensable et en même temps les coûts du matériel, des infrastructures et des télécommunications que cette technologie engendre sont en concurrence avec d'autres priorités et accentuent une forme de dépendance économique vis-à-vis du Nord.
- Internet doit être accessible à tous et en même temps cette technologie peut renforcer chez les utilisateurs le sentiment d'illettrisme technologique.
- Internet doit faire l'objet, pour les uns, d'une implication gouvernementale pour son développement et en même temps, pour les autres, doit échapper à l'intervention de l'État.

5. Les entreprises privées et les nantis sont ceux qui s'abonnent le plus à Internet ; on peut par conséquent penser que plus il y en aura, plus le taux de pénétration sera élevé.

- Internet contribue au développement économique général des pays et en même temps renforce particulièrement le monopole des multinationales au détriment des PME.

Les différents enjeux reliés au phénomène Internet doivent être considérés à leur juste mesure et cette recherche a tenté de montrer particulièrement les enjeux éthiques rattachés à cette technologie. Selon nous, une intégration optimale, éthique et responsable d'Internet par la population suppose les éléments suivants :

- la prise en compte du contexte dans son ensemble ;
- un engagement politique ;
- la mise en place d'une infrastructure électrique et téléphonique ;
- un programme d'alphabétisation et de formation à Internet ;
- la création de centres communautaires (cybercentres, cybercafés...) ;
- le développement de programmes d'aide à la création de contenus endogènes ;
- un programme d'aide aux entreprises ;
- une concertation et une harmonisation des projets de coopération internationale ;
- le développement d'un programme de sensibilisation médiatique (radiophonique en particulier).

L'ensemble de ces éléments s'insèrent dans le modèle éthique d'intégration d'Internet. Ce modèle d'appropriation des technologies de l'information et de la communication : 1) tient compte des enjeux éthiques associés aux technologies de l'information et de la communication ; 2) assure le maintien et le respect des réseaux sociaux et culturels ; 3) favorise la production de contenus locaux et nationaux ; 4) favorise une intégration responsable d'Internet tant au niveau individuel que collectif.

Une politique d'alphabétisation, de sensibilisation et de formation doit être menée de pair avec le développement des TIC en général et d'Internet en particulier partout en Afrique. À défaut, des effets pervers peuvent être attendus dans la mesure où le développement des TIC engendre dans le tissu social des problèmes spécifiques, et ce particulièrement chez les adolescents, avenir des nations.

CONCLUSION FINALE : INTERNET EN AFRIQUE : PARADOXES ET DÉFIS

Il est évidemment inutile de rappeler l'importance d'Internet pour un continent africain exsangue, dépourvu d'infrastructures et désespérément en manque de représentativité technologique. Bien qu'ils soient extrêmement intéressés par l'utilisation de nouvelles technologies, la majorité des Africains butent sur une insuffisance flagrante à tous les niveaux : manque d'infrastructures de communication, manque de formation, manque de matériel... Malheureusement et malgré tous les avantages potentiels des nouvelles technologies de l'information, les pays africains, et plus particulièrement ceux d'Afrique francophone, se trouvent confrontés à un désintérêt de la part des pays du Nord. Or, la maîtrise des nouvelles technologies pourrait bien être la clé du développement d'un savoir-faire local très précieux jumelé à une philosophie d'appropriation éthique de ces technologies très prometteuses. Il apparaît absolument capital pour les pays du Nord d'empêcher un apartheid de l'information qui laisserait encore une fois l'Afrique en marge du développement.

Rappelons que la position des pays en développement en matière de télécommunications est devenue fort inconfortable depuis que les plus hautes instances dans le domaine, soit la Federal Communication Commission (FCC) et l'Union internationale des télécommunications (UIT), aient décidé de réduire considérablement les subventions offertes aux pays du Tiers-Monde. Ces subventions, très généreuses par le passé, étaient justifiées par le fait que les pays du Nord passaient beaucoup plus de communications téléphoniques vers les pays du Sud que l'inverse, cette asymétrie de l'utilisation étant largement compensée par de très larges contributions monétaires. Cependant et à la suite d'un rééchelonnement des tarifs de télécommunications mondiaux, les deux organismes ont révisé fortement à la baisse le montant des contributions. Cette révision trouve sa justification dans le fait que, depuis l'avènement d'nternet, les pays du Sud se connectent bien davantage sur les sites Internet du Nord que l'inverse. Les compensations offertes perdent donc leur légitimité au plus grand dam des opérateurs nationaux désormais sans ressources face à la concurrence des pays du Nord. Conséquence de ce nouveau déséquilibre, il apparaît que tous les éventuels investissements en matière de télécommunication des pays africains serviront en définitive les grandes compagnies américaines. Les usagers du Sud se connectent bien plus sur les sites étrangers que sur les sites nationaux, et ce au moyen de commutations internationales. Pis encore, les rares sites africains intéressants sont délocalisés au Nord, en Europe ou en Amérique du Nord, pour pouvoir bénéficier de meilleures conditions techniques. L'Afrique apparaît ainsi au centre d'un paradoxe. En finançant très difficilement les infrastructures locales, les bénéfices en reviendront uniquement aux sites des pays riches. Le deuxième paradoxe à souligner vient trouver sa source dans le fait que même les projets destinés à améliorer la situation, à l'image du projet de bande passante maritime entourant le continent africain Africa One, ont des retombées négatives. Des coûts de connexion prohibitifs, des investissements hors de prix finissent par éliminer les recettes du seul domaine réellement rentable de la communication internationale.

Certaines solutions ou recommandations relatives aux problèmes soulevés par Internet voient le jour ici et là. L'UIT a créé dans les dernières années un bureau de développement en télécommunication spécialement consacré à l'assistance aux pays en développement dans la planification de leurs besoins. Un organisme appelé Worldtel a été mis sur pied pour cautionner les prêts, les fonds et les assurances contre les risques politiques, en tant que garant des projets en télécommunication dans les régions en développement. Cette initiative se présenterait comme une solution au problème du financement. Une ONG importante (Volunteers in technical assistance) dispose d'un groupe actif en communication qui se consacre spécifiquement au transfert technologique. Une autre ONG professionnelle (Working Group 9.4), affiliée à la Fédération internationale pour le traitement de l'information (FITI), travaille à la gestion des réseaux dans les pays en développement et donne périodiquement des conférences sur le sujet. Il existe un réseau de communication dans le Tiers-Monde, le SPIT (Système Pilote d'information technique), qui se consacre spécifiquement aux problèmes des déséquilibres de l'information. Il collecte, traite et diffuse les informations portant sur les offres scientifiques, technologiques et commerciales dans les pays en développement.

On le voit, des initiatives sont prises. Est-ce suffisant, efficace ? Pour reprendre le titre d'un article, « Internet sauvera-t-il l'Afrique[6] ? »,

6. Article de Fabrice Hervieu Wané paru dans *Manière de voir* (Dossier du Monde diplomatique), n° 41, septembre-octobre 1998, p. 83-85.

Internet est-t-il réellement adapté aux besoins de l'Afrique ? Un constat s'impose. Avec des infrastructures quasi inexistantes, des frais d'utilisation de services onéreux et bien souvent hors de portée des utilisateurs éventuels, le continent noir est bien loin de vivre la révolution des communications que connaît le reste du monde. Cependant et dans ce contexte, on remarque que les systèmes informatiques ne connaissent pas la morosité traditionnelle et pourraient peut être constituer un moyen efficace de désenclavement des pays africains. L'exemple du Sénégal est à ce sujet révélateur. Tous les centres de recherche y disposent d'au moins un terminal informatique, et Internet apparaît comme une solution de choix. Toutefois, le Web reste perçu comme un instrument secondaire sans grande adéquation avec les besoins réels du pays. Les citoyens privilégient toujours la proximité au détriment de la globalité et cherchent des moyens de renforcer la première. L'exemple des télécentres est à ce sujet flagrant. À l'opposé du téléphone individuel, les télécentres viennent renforcer les liens locaux comme lieu d'échange et de partage. Internet subit la même logique et n'apparaît pas intéressant tant qu'il ne permet pas le développement des liens de voisinage. Ce constat s'applique largement à la majorité des pays africains où les liens de proximité et de solidarité restent capitaux. Cependant, et pour ceux qui en voient le potentiel, le Web est porteur de beaucoup d'espoirs. Grâce à la sous-traitance informatique, Internet pourrait offrir des opportunités très alléchantes. Un peu à l'exemple de la Finlande qui sous-traite la comptabilité du Canada, les pays africains pourraient bénéficier de cette nouvelle méthode de télétravail pour s'attaquer à de nouveaux marchés et créer des milliers d'emplois. Mais là encore, il faut se méfier de l'augmentation d'une dépendance déjà très forte du Sud envers le Nord. En définitive, il apparaît que le principal défaut que l'on reproche à Internet en terre africaine est son aspect global qui tend à éliminer cette notion de proximité si chère aux Africains. Il devient donc évident qu'une percée d'Internet en Afrique noire ne pourra se faire que par l'intégration de cette dimension.

Notre étude révèle que le développement d'Internet en Afrique est paradoxal dans la mesure où il est perçu par la majorité de la population comme l'outil incontournable voire ultime de développement et qu'en même temps il soulève plusieurs problèmes éthiques tels que ceux reliés au renforcement des inégalités, à l'intrusion de contenus illicites, aux coûts prohibitifs, aux contraintes sociotechniques d'utilisation, aux choix politiques et à l'organisation économique. Selon notre enquête, ces problèmes d'ordre éthique ne sont perçus que par une minorité de la population. Or, sans la prise en compte de ces problèmes et des solutions à y apporter, le développement d'Internet devrait se traduire à moyen terme par une fissuration du tissu socioculturel des populations africaines. La recherche fait apparaître la nécessité d'une prise en considération des problèmes et des enjeux éthiques associés au développement d'Internet et de l'élaboration de politiques spécifiques de développement d'Internet. C'est un défi à relever. Ces politiques pourraient prendre pour appui le modèle éthique d'intégration que nous proposons dans la perspective d'une utilisation responsable et optimale d'Internet. L'enjeu général est à ce point important que, si ces politiques sont mises en place dans les pays africains, ceux-ci pourraient servir de référence aux pays du Nord qui ont jusqu'à ce jour maille à partir avec, précisément, les problèmes éthiques soulevés par Internet et son développement. Les rapports Nord-Sud s'en trouveraient du même coup modifiés dans le sens où un meilleur équilibre serait établi et où le Sud offrirait concrètement des propositions face aux dérives provoquées par l'usage d'une technologie devenue incontrôlable. Si, comme le dit le proverbe africain, l'homme est le remède de l'homme, alors la technique doit demeurer fondamentalement à son service et non l'inverse. Le risque d'un déterminisme technologique qui inverserait les rapports entre l'homme et la technique au point où celle-ci dicte son comportement est bien réel. Le projet de l'humanité avec la technologie Internet est de faire de celle-ci un outil qui l'aidera à mieux se définir, à mieux comprendre son environnement et surtout à mieux communiquer avec ses semblables, proches comme lointains géographiquement, culturellement, socialement, etc. L'enjeu est politique, mais doit être relevé par chaque individu utilisateur actuel ou potentiel de cet outil. Utiliser un outil suppose un apprentissage, aussi minime soit-il. À défaut de ce minimum, l'utilisateur court le risque d'être abusé par la technique, voire asservi. Ce risque pose une question éthique.

Sans une éthique de la responsabilité individuelle et collective, le développement d'Internet et de son usage opère chez l'utilisateur des dérives qui, lorsqu'elles ont commencé, sont difficiles à endiguer. Or chaque utilisateur est un citoyen et participe au tissu social et à son organisation. Lorsque le nombre d'utilisateurs d'Internet croît, le tissu social et l'organisation sociale se développent en parallèle. Sans la reconnaissance par les utilisateurs des enjeux associés aux technologies et à leurs usages, le risque que ces technologies deviennent l'obje d'une forme de déterminisme est possible. Au regard des résultats de l'étude menée auprès des utilisateurs d'Internet dans les cinq pays visités, ce risque est apparent. Ce que nous avons appelé le degré de conscientisation éthique concernant Internet et son usage révèle un niveau bas ou très bas dans la majorité des cas. Les quelques hauts niveaux de conscientisation éthique sont généralement recueillis auprès de l'intelligentsia. Ainsi, le rôle de l'éducation apparaît une fois de plus comme étant primordial dans l'organisation et le maintien des rapports sociaux.

Au terme de cette recherche, nous recommandons que soit mises en place par les gouvernements des politiques de développement d'Internet qui tiennent compte du modèle éthique d'intégration que nous avons élaboré et qui comprennent un programme de sensibilisation, de formation et d'apprentissage de cette technologie.

ÉPILOGUE

Le monde entier connaît actuellement un profond changement lié au développement du réseau mondial de l'information qu'est Internet. L'Afrique est participante de ce développement, quelle que soit sa vitalité ou sa position vis-à-vis du reste du monde. Une question se pose : « Le développement d'Internet en Afrique se traduit-il en termes d'intégration ou d'assimilation ? » Le risque d'assimilation est réel et cette recherche montre justement en quoi, non seulement par les contenus eux-mêmes, mais par l'usage de cette technologie, Internet provoque un bouleversement dans les modes et les pratiques communicationnels des communautés africaines. Ce bouleversement touche toutes les sphères du social, et cette recherche a spécifiquement porté sur les aspects éthiques et en a montré, nous semble-t-il, toute l'importance des enjeux.

ANNEXES

Données statistiques

1. NOMBRE D'UTILISATEURS D'INTERNET PAR PAYS (2001-2002*)

	Burkina Faso	Côte d'Ivoire	Gambie	Ghana	Sénégal
Nombre d'utilisateurs	10 000	40 000	6 000	30 000	150 000

* Estimations faites à partir de diverses sources dont : NUA, IUT, La lettre des Télécommunications du groupe Les Échos, www3.sn.apc.org/africa/

2. Indicateurs démographiques, socioculturels, économiques et internationaux*

Indicateurs	Burkina Faso	Côte d'Ivoire	Gambie	Ghana	Sénégal
DÉMOGRAPHIE					
Population (millier)	11 616	14 526	1 268	19 678	9 240
Croissance annuelle (95-00) (%)	2,7	1,8	3,2	2,7	2,6
Indice de fécondité (ISF) (95-00)	6,6	5,1	5,2	5,2	5,6
Mortalité infantile (95-00)	99	87	122	66	63
Espérance de vie (95-00) (année)	44,4	46,7	47,0	60,0	52,3
Population urbaine (%)	18,0	45,8	31,8	37,9	46,7
INDICATEURS SOCIOCULTURELS					
Développement humain (IDH)	0,303	0,420	0,396	0,556	0,416
Nombre de médecins (% hab.)	0,04	0,10	0,03	0,06	0,10
Analphabétisme (hommes) (%)	67,0	46,2	56,9	20,6	53,6
Analphabétisme (femmes) (%)	86,7	62,8	71,5	38,5	73,3
Scolarisation 12-17 (%)	12,7	45,7	40,9	53,0	30,0
Scolarisation 3e degré (%)	0,9	4,6	1,9	1,4	3,2
Hôtes Internet (% hab.)	0,18	0,43	0,09	0,05	0,32
Livres publiés (titre)	12	–	14	28	42

ÉCONOMIE					
PIB total (PPA) (million $)	9 333	23 162	1 766	32 022	11 809
Croissance annuelle 1988-1998 (%)	3,3	2,7	3,9	4,3	2,6
Croissance annuelle 1999 (%)	3,7	4,3	4,2	5,5	5,1
PIB par habitant (PPA) ($)	870	1598	1 453	1 753	1 307
Investissement (FBCF) (% PIB)	27,0	17,6	17,7	22,0	19,9
Taux d'inflation (%)	-1,00	0,7	2,5	12,4	0,8
Dépenses publiques éducation (% PIB)	1,5	5,0	4,9	4,2	3,7
Dette extérieure totale (million $)	1 399	14 852	477	6 884	3 861
ÉCHANGES EXTÉRIEURS					
Importations (douanes) (millions $)	696	3 270	192	3 505	1 763
Principaux fournisseurs (%)	UE 47,4	UE 53,7	UE 34,6	UE 43,3	UE 54,4
(%)	Fra 32,4	Fra 28,6	Afr 13,8	Asie 15,0	Fra 32,6
(%)	Afr 34,5	Afr 15,5	Asie 41,9	Afr 26,8	Ped 30,4
Exportations (douanes) (millions $)	254	4 077	40	1 924	637
Principaux clients (%)	UE 44,5	É-U 9,0	Belg 71,9	UE 51,9	UE 23,5
(%)	Asie 35,6	Afr 28,6	Jap 6,3	Afr 16,9	Afr 34,3
(%)	Afr 13,1	UE 50,9	PED 5,5	Asie 11,3	Asie 28,0

* Données extraites de *L'État du monde : annuaire économique et géopolitique mondial*, Montréal, Boréan Express, 2001.

Index des tableaux et schémas

RÉFÉRENCES BIBLIOGRAPHIQUES

OUVRAGES

ALBERGANTI, Michel, *Le multimédia. La révolution au bout des doigts*, Paris, Le Monde-Éditions, Marabout, 1996.

BÉLANGER, Rodrigue et al, *Éthique de la communication publique et de l'information*, Cahiers de recherche éthique, 17, Montréal, Fides, 1992.

BERNIER, Marc-François, *Éthique et déontologie du journalisme*, Sainte-Foy (Québec), Les Presses de l'Université Laval, 1994.

BERA, Michel et Éric MECHOULAN, *La machine Internet*, Paris, Odile Jacob, 1999.

BRETON, Philippe, *Le culte de l'Internet*, Paris, Éditions La Découverte, Syros, 2000.

BRUNET, Patrick, J. (sous la direction de), *L'éthique dans la société de l'information*, Sainte-Foy (Québec), Les Presses de l'Université Laval / Paris, L'Harmattan, 2001.

CARTIER, Michel, *Le nouveau monde des infostructures*, Montréal, Fides, 1997.

CASTELLS, Manuel, *L'ère de l'information*, en trois volumes, Paris, Fayard, 1997, 1999.

CHÉNEAU-LOQUAY, Annie (sous la coordination de), *Enjeux des technologies de la communication en Afrique. Du téléphone à Internet*, Paris, Éditions Karthala / Talence, Regards, 2000.

CHRISTIANS, Clifford et al, *Media Ethics*, New York, Longman, c1987, 1998.

COHEN-TANUGI, Laurent, *Le nouvel ordre numérique*, Odile Jacob, 1999.

DAY, Louis, *Ethics in Media Communications : Cases and Controverses*, Belmont, Wadsworth Publishing Company, 1997.

DERY, Mark, *Vitesse virtuelle. La cyberculture aujourd'hui*, Paris, Éditions Abbeville, 1997.

DHERSE, Jean-Loup, MINGUET, Dom Hugues, *L'éthique ou le chaos ?*, Paris, Presses de la Renaissance, 1998.

DUFOUR, Arnaud, *Internet*, Que sais-je ? n° 3073, Paris, PUF, 1998.

DUTTON, William H., *Society on the line. Information Politics in the Digital Age*, Oxford University Press, 1999.

ELLUL, Jacques, *Le système technicien*, Paris, Calmann-Lévy, 1977.

ETCHEGOYEN, Alain, *La valse des éthiques*, Paris, Éditions François Bourin, 1991.

FDIDA, Serge, *Des autoroutes de l'information au cyberespace*, Paris, Flammarion, Dominos, 1997.

FLORIDI, Luciano, *Internet*, Paris, Flammarion, Dominos, 1998.

FORTIN, Pierre, *La morale, l'éthique, l'éthicologie*, Sainte-Foy (Québec), Presses de l'Université du Québec, 1995.

GUÉDON, Jean-Claude, *La planète cyber : internet et cyberespace*, Paris, Gallimard, collection Découvertes, 1996.

GUÉDON, Jean-Claude, *Internet, le monde en réseau*, Paris, Gallimard, collection Découvertes, 2000.

GUERIN, Serge, *Internet en questions*, Paris, Economica, 1997.

GUILLAUME, Marc, *L'empire des réseaux*, Paris, Descartes & Cie, 1999.

HABERMAS, Jürgen, *Morale et communication*, Paris, Les Éditions du Cerf, 1986.

HABERMAS, Jürgen, *De l'éthique de la discussion*, Paris, Les Éditions du Cerf, 1992.

HAMELINK, Cees, J., *The Ethics of Cyberspace*, Sage, 2000.

HUITEMA, Christian, *Et Dieu créa l'Internet*, Paris, Eyrolles, 1996.

JOHNSON, Steven A., *Interface Culture : How New Technology Transforms the Way We Create and Communicate*, San Francisco, Harper Collins, 1997.

JONAS, Hans, *Le principe responsabilité. Une éthique pour la civilisation technologique*, Paris, Les Éditions du Cerf, 1990.

KALLMAN, Ernest, A. and John P.GRILLO, *Ethical Decision Making and Information Technology*, New York, McGraw-Hill, c1996.

KOHLBERG, Lawrence, *The Psychology of Moral Development : the Nature and Validity of Moral Stages*, Harper & Row, 1984.

LAMBERT, Roger, *La justice vécue et les théories éthiques contemporaines*, Sainte-Foy (Québec), Les Presses de l'Université Laval, 1994.

LACROIX, Guy, *Le mirage internet. Enjeux économiques et sociaux*, Paris, Éditions Vigot, 1997.

LAÏDI, Zaki, *Malaise dans la mondialisation*, Paris, Textuel, c1998.

LENOIR, Frédéric, *Le temps de la responsabilité*, Paris, Fayard, 1991.

LÉOPOLD, Éric et Serge LHOSTE *La sécurité informatique*, Que sais-je ? n° 3460, Paris, PUF, 1999.

LÉVY, Pierre, *Cyberculture*, Paris, Odile Jacob/Éd. du Conseil de l'Europe, 1997.

LIBOIS, Boris, *L'éthique de l'information*, Bruxelles, Éditions de l'Université de Bruxelles, 1994.

LIPOVETSKY, Gilles, *Le crépuscule du devoir*, Paris, Gallimard, 1992.

MATHIAS, Paul, *La cité Internet*, Paris, Presses de la Fondation nationale des Sciences politiques, La bibliothèque du citoyen, 1997.

MATTELART, Armand, *Histoire de l'utopie planétaire. De la cité prophétique à la société globale*, Paris, Éditions La Découverte et Syros, c1999, 2000.

MAYÈRE, Anne (sous la direction de), *La société informationnelle*, Paris, Éditions L'Harmattan, 1997.

MÉTAYER, Michel, *La philosophie éthique*, Saint-Laurent (Québec), ERPI Éditions du Renouveau Pédagogique, 1996.

MIÈGE, Bernard, *La pensée communicationnelle*, Grenoble, Presses universitaires de Grenoble, 1995.

MONET, Dominique, *Le multimédia*, Paris, Flammarion, Dominos, 1996.

MONOT, Philippe et Michel SIMON, *Habiter le cybermonde*, Paris, Les Éditions de l'atelier, 1998.

MOREAU-DEFARGES, Philippe, *La mondialisation*, Que sais-je ? n° 2687, Paris, PUF, 1997.

NDIAYE, Malick, *L'éthique ceddo et la société de l'accaparement*, en deux tomes, Dakar (Sénégal), Presses Universitaires de Dakar, 1998.

NEGROPONTE, Nicholas, *L'homme numérique*, Paris, Robert Laffont, 1995.

NORA, Dominique, *Les conquérants du cybermonde*, Paris, Gallimard, 1997.

NTAMBUE Tshimbulu, Raphaël, *L'Internet, son Web et son E-mail en Afrique : approche critique*, Paris, L'Harmattan, 2001.

OUELLET, Caroline, *Qui fait la loi sur Internet ?*, Sainte-Foy (Québec), Les Presses de l'Université Laval, 1998.

PARÉ, Michèle et Peter DESBARATS (sous la direction de), *Liberté d'expression et nouvelles technologies*, Collectif ORBICOM / UNESCO, Montréal, Isabelle Quentin Éditeur, 1998.

RAMONET, Ignacio, *Géopolitique du chaos*, Paris, Galilée, 1997.

REVELLI, Carlo, *Intelligence Stratégique sur Internet*, Paris, Dunod, 1998.

ROSNAY (de), Joël, *L'homme symbiotique*, Paris, Seuil, 1995.

SANDOVAL, Victor, *Les autoroutes de l'information : mythes et réalités*, Paris, Hermès, 1995.

SCHNEIDER, Bertrand, *La civilisation internet*, Paris, Économica, 2000.

SPINELLO, Richard, A.and Herman T. TAVANI, *Readings in CyberEthics*, Sudbury, MA, Jones and Barlett Publishers, 2001.

STOLL, Clifford, *Silicon Snake Oil : second thoughts on the information highway*, New York, Doubleday, 1995.

UNESCO, *Les dimensions internationales du droit du cyberespace*, Collection Droit du cyberespace, Paris, Éditions UNESCO/Economica, 2000.

VENNE, Michel, *Ces fascinantes autoroutes*, Québec (Québec), IQRC, 1995.

VETTRAINO-SOULARD, Marie-Claude, *Les enjeux culturels d'Internet*, Paris, Hachette, 1998, 2000.

VIRILIO, Paul, *Cybermonde, la politique du pire* Paris, Textuel, 1996.

WALTERS, Gregory, J., *Human Rights in an Information Age : A philosophical Analysis*, Toronto, University of Toronto Press, 2001.

WOLTON, Dominique, *Internet. Petit manuel de survie*, Paris, Flammarion, 2000.

WOLTON, Dominique, *Internet, et après ?*, Paris, Flammarion, 1999.

WADE, Philip et Didier FALCAND, *Cyberplanète*, Paris, Éditions Autrement, Coll. Mutations n° 176, 1998.

RAPPORTS ET ÉTUDES

COMEST, *The Ethics of the Information Society*, Final Report, UNESCO, June 2001.

FORTELLE (de la), Philippe, *Relier l'Afrique à l'Internet : folie ou réalité*, Paris, Ministère des Affaires étrangères, 1996.

HAZOUME, Christian, *Généralités sur le réseau Internet : cas du Bénin, expérience du bureau du PNUD à Cotonou et perspectives*, Cotonou, PNUD, 1996.

INFOéthique 2000, « Le droit d'accès universel à l'information », UNESCO, nov. 2000.

INFOéthique 2000, « Compte rendu des débats et propositions », UNESCO, nov. 2000.

MARSHALL, Jean, *Nouvelles Technologies d'Information et de Communication en Afrique (aspects infrastructures)*, Paris, Ministère des Affaires Étrangères, 1997.

QUÉAU, Philippe, « Internet : vers une régulation mondiale », UNESCO, déc. 1999.

QUÉAU, Philippe, « Cyber-culture et info-éthique », UNESCO, 1998.

RICHARDSSON, Don, *The Internet and rural development : recommendations for strategies and activity*, FAO, 1996.

ROTENBERG, Marc, « La protection de la dignité humaine à l'ère du numérique »,

INFOéthique 2000, UNESCO, nov. 2000.

ARTICLES

AHOUNOU, A., « L'arbre à palabres virtuel », *Jeune Afrique*, n° 1895, du 23 avril au 30 mai 1997.

AOULOU, Yves, « Communication : les autoroutes de l'information vont-elles traverser l'Afrique ? », *Média France International*, n° 640, 1995.

BALOGUN, Ola, « Communication. Autoroutes de l'information et chemins de brousse », *Jeunes Afrique Économie*.

DAOUDA, Moudjibath, « Les enjeux d'Internet en Afrique », *Africultures*, n° 23 Dossier « Internet en Afrique », Paris, L'Harmattan, décembre 1999.

DECORNOY, Jacques, « Aux ordres du Nord », *Le Monde diplomatique*, Manière de voir n° 14, février 1992.

DE LA BROSSE, Renaud, « L'Internet et le Sud », dans *Le Courrier ACP*, n° 158, juillet-août 1996.

ÉLIE, Michel, « Internet et développement. Un accès à l'information plus équitable ? », *Futuribles*, n° 214, novembre 1996.

DOUZET, Frédérick, « Internet géopolitise le monde », *Hérodote*, n° 86-87, 3e et 4e trimestre 1997.

EL OUAHABI, M., « Afrique et télécoms : état des lieux », *The African Student*, n° 2, mai 1998.

FALK, Richard, « Vers une domination mondiale de type nouveau », *Le Monde diplomatique*, mai 1996.

FLORIDI, Luciano, « L'éthique télématique », *L'Agora*, North-Hatley (Québec), vol. 5, n° 4, juillet 1998.

GRESH, Alain, « Et les citoyens du Sud ? », *Le Monde diplomatique*, Manière de voir, numéro hors série, octobre 1996.

HOELTGEN, Dominique, « L'Afrique sur Internet », *Jeune Afrique* n° 1821, du 30 novembre au 6 décembre 1995.

JACOBSON, Thomas L., « Les messageries électroniques et les services dans les pays du Tiers-Monde », *Revue Tiers Monde*, t. XXXV, n° 138, avril-juin 1994.

LASSONDE, Louise et Alain CLERC, « L'Afrique et la société de l'information : qui acculturera l'autre ? », *Journal de Genève et gazette de Lausanne*, 16 Octobre 1996.

LAUBIER (de) Charles et Mamadou DIALLO « La renaissance de l'Afrique passe par les télécoms », *La lettre des télécommunications* n° 88, 12 novembre 2001.

MATTELART, Armand, « Les nouveaux scénarios de la communication mondiale », dans *Le Monde diplomatique*, août 1995.

MATTELART, Armand, « Archéologie de la « société de l'information ». Comment est né le mythe de l'Internet », *Le Monde diplomatique*, Août 2000.

MIGNOT-LEFEBVRE, Yvonne, « Technologies de communication et d'information au Sud : la mondialisation forcée », *Revue Tiers Monde*, t. XXXV, n° 138, avril-juin 1994.

MOOR, James, H., « What is computer ethics ? », *Metaphilosohy*, vol. 19, n° 4, octobre 1985.

PETIT, Jacques, « Le Marché des télécommunications en Afrique », *Marchés Tropicaux*, 25 octobre 1996.

QUEAU, Philippe, « Internet, média du futur », *Le Monde diplomatique*, Manière de voir, numéro hors série, octobre 1996.

QUEAU, Philippe, « Les termes inégaux des échanges électroniques », dans *Le Monde diplomatique*, juin 1995.

QUÉAU, Philippe, « Le savoir appartient à l'humanité », *Le Monde diplomatique*, Manière de voir 52, juillet-août 2000.

RAMONET, Ignacio, « Changer d'ère », *Le Monde diplomatique*, Manière de voir, numéro hors série, octobre 1996.

RENAUD Pascal et Astrad TORRES, « Internet : une chance pour le Sud », *Le Monde diplomatique*, février 1996.

RENAUD Pascal, « L'avenir informatique du Sud », *Le Monde diplomatique*, Manière de voir, numéro hors série, octobre 1996.

SAGNA, Olivier et Jean-Pierre DENIS, « L'Afrique, les inforoutes et la francophonie », *Documentaliste-sciences de l'information*, vol. 33, n°3, 1996.

SANDOULY, Patrick, « Les promesses du cybermonde », *Jeune Afrique*, n° 1939, du 10 au 16 mars 1998.

SCHILLER, Dan, « Les Marchands à l'assaut d'Internet », *Le Monde Diplomatique*, mars 1997.

SEGOND Guy-Olivier, « Relancer la coopération technologique », *Le Monde diplomatique*, Manière de voir, numéro hors série, octobre 1996.

SEMINATORE, Imeria, « Interdépendance, linkage et système international. De l'analyse conceptuelle aux problèmes de politique étrangère », *Études internationales*, vol. XVIII, n° 2, juin 1987.

TORRES, Astrad, « Les empires multimédias en quête de nouveaux clients », *Le Monde diplomatique*, Manière de voir, numéro hors série, octobre 1996.

TORRES, Astrad, « Une nouvelle vassalisation », *Le Monde diplomatique*, Manière de voir, numéro hors série, octobre 1996.

TUDESQ, André Jean, « Les technologies de l'information, facteur d'inégalité en Afrique Subsaharienne », *Revue Tiers-Monde*, tome XXXV, n° 138, 1994.

WANE Fabrice Hervieu, « Internet sauvera-t-il l'Afrique ? », *Le Monde diplomatique*, Manière de voir n° 41, septembre-octobre 1998.

ARTICLES SUR INTERNET

CHEVRIER, Marc, « La Francophonie et les inforoutes ou comment s'inscrire dans le concert de la communication », Séminaire de l'Agora sur les aspects sociaux des inforoutes, Way's Mills, Québec, 30 mai 1997.
<http ://agora.qc.ca/textes/francophonie.html>

GUIDON, Jacques, « Internet pour les pays en voie de développement », 1999.
<http ://cvlium.univ-lemans.fr :8900/public/unesco/m3.1.1/M311.html>

JENSEN, Mike, « An Overview of Internet Connectivity In Africa », 1998.
<http ://www3.sn.apc.org/africa/afstat.htm>

LE RUE, Sophie, « Coopération au développement. Mobiliser l'Europe avec Internet », 1998.
<http ://www.euforic.org/courier/170f_rue.htm>

OWENGA ODINGA, Émile Lambert, « Internet en Afrique », Revue Juricongo,17 octobre 2000.
<http ://www.juriscom.net/chr/2/rdc20001017.htm>

RENAUD, Pascal, « Internet et le développement », 1997.
<http ://www.unitar.org/isd/equipe/renaud/publications%5Cplanete.html>

RICHARD, Simon, « Le filtrage et l'accès aux contenus indésirables sur le Web « error 403 Forbidden » », Université de Montréal, Faculté de droit, 1999.
<http ://www.lexum.umontreal.ca/cours/internet99/p5c4.html>

SEGOND, Guy-Olivier, « L'Afrique et les nouvelles technologies de l'information », Déclaration finale, Rencontres du Devenir, Genève, 17-18 octobre 1996.
<http ://www.osiris.sn/decfinale.htm>

SEGOND, Guy-Olivier, « Les nouvelles technologies de l'information et les relations Nord-Sud Rencontre internationale de Bamako 2000, jeudi 24 février 2000.
<http ://www.anais.org/ARTICLES/DOC44.HTML >

TRAVAUX DE FIN D'ÉTUDES

DUMONT, Xavier, « Le déséquilibre Nord-Sud de l'accès à l'information, mémoire de Licence en Sciences politiques, Université Catholique de Louvain,
<http ://www.aedev.org/fichiers/travaux/xdumont/html/index.htm>

MARCO (de), Estelle, « Le droit pénal applicable sur Internet », T.F.E., mémoire du D.E.A. « Informatique et Droit », Université de Montpellier 1, Institut de Recherches et d'Études pour le Traitement de l'Information juridique, 1998.
<http ://www.juriscom.net/uni/mem/06/presentation.htm>

THOUMYRE, Lionel, « Abuses in the Cyberspace », mémoire du D.E.A. « Sciences et Techniques : Histoire, Gestion, Enjeux » (ULP - Strasbourg) et du Master ESST (The European Inter-University Association on Society, Science and Technology), Université Louis Pasteur, Strasbourg, Facultés Notre Dame de la Paix, Centre de Recherche Informatique et Droit de Namur (CRID), Namur (Belgique), 1996.
<http ://www.juriscom.net/uni/mem/01/presentation.htm>
<http ://www.juriscom.net/>

CÉDÉROM

ORSTOM, *Internet au Sud*, CD-ROM ORSTOM-UNITAR, 1998.

SITES INTERNET

<http ://www.africanti.org>
<http ://www.afrik.com>
<http ://www.anais.org>
<http ://www.bellanet.org>
<http ://www.idrc.ca>
<http ://www.ird.fr>
<http ://www.isa-africa.com/>

<http ://www.fing.org>
<http ://www.monde-diplomatique.fr>
<http ://www.osiris.org>
<http ://www.refer.org>
<http ://www.rio.net>
<http ://www.rio.org>
<http ://www.unesco.org>
<http ://www3.sn.apc.org/africa>

www.ingramcontent.com/pod-product-compliance
Lightning Source LLC
LaVergne TN
LVHW011133300926
849160LV00008B/638